Think Green!
Love Lohas!

자연과 사람을 공경하는
당신이 아름답습니다!

인간과 지구는 함께 살아가는 동반자입니다.
살림로하스는 개인의 건강뿐만 아니라 사회의 건강, 자연의 건강을 추구합니다.
잘 먹고 잘 사는 웰빙을 넘어 인류와 지구를 생각하는 작지만 큰 실천을 담고 있습니다.
지구도 살고 인간도 사는 로하스 라이프!
작은 습관의 변화가 큰 변화를 만들어 냅니다.

| 일러두기 |

1 먹을거리의 기본은 맛입니다. 몸에 좋은 먹을거리도 맛이 있어야 즐겁습니다.
   살림로하스는 좋은 재료 자체의 맛을 살리는 최소한의 레시피로 건강한 맛을 추구합니다.

2 모든 먹을거리는 믿을 수 있는 재료로 만든 건강한 요리여야 합니다.
   살림로하스의 모든 레시피는 몸에 좋지 않은 것은 아무것도 넣지 않아 걱정 없이 즐길 수 있습니다.

3 요리는 즐거워야 합니다. 레시피에 얽매이다 보면 요리가 어렵게 느껴집니다.
   재료 중 준비하기 어려운 것은 비슷한 맛이 나는 것으로 대체하거나 넣지 않아도 무방합니다.
   좋아하는 재료를 더 넣어도 좋습니다. 살림로하스의 레시피를 가이드라인으로 삼아 자기만의
   요리 스타일을 살려 보세요. 단 요리 초보자라면 레시피대로 하는 것이 좋습니다.

내 몸의 면역력을 높이는
자연치유 상차림

오은경

살림Life

에코인이 함께 만든 책!
먼저 읽어 봤어요!

권혜련 | 서울시 송파구 풍납1동

질병을 치유하는 방법이 아니라 질병을 예방하는 차원의 방법론으로서 요리를 소개하고 있습니다. 자연치유력과 관련된 음식에 대한 정보가 유용하고 자연치유력을 높이기 위한 요리들이 항목별로 정리가 되어 있어 건강에 관심이 있는 사람들에게 많은 도움이 되리라 생각됩니다. 집에 한 권씩 두고 보기에 적절할 듯합니다.

최혜선 | 한살림 조합원

자연치유력이 살아 있는 이상적인 상태를 유지하기 위해 어떤 먹을거리를 어떻게 먹어야 하는가에 대해 알려 주고 그것을 실천하기 좋은 요리 레시피를 소개하고 있습니다. 보통 요리책은 재료나 계절 중심으로 요리를 설명했는데 이 책은 특정 증상에 좋은 요리를 골라 놓은 게 특이하네요. 재료도 친숙하고 만드는 방법도 간단한 것들이라 따라하기 좋아 보입니다. 이 책의 가장 큰 장점이 바로 요리 레시피가 되겠네요.

임봉현 | 광주시 서구 화정동

건강이나 환경 관련 서적이나 활동들이 대부분 주부를 주요 대상으로 한다는 점이 좀 안타깝습니다. 건강과 지구는 주부만 지켜야 하나요? 주부만 지킬 수 있나요? 주부만이 그렇게 시간이 남나요? 주부를 주 대상한다면 가족이기주의를 벗어나기 힘들지 않을까요. 이 책은 그 부분에 대해서도 함께 공감할 수 있어야 한다고 생각합니다.

※ 「살림로하스」 원고 모니터링에 참여해 주신 한살림, 파주두레생협, 마포두레생협 조합원 100여 분께 감사드립니다.

들어가는 글
자연에 가까운 맛이 내 몸을 살린다

음식은 인간이 생명을 유지하는 마지막 날까지 함께하는 영원한 동반자이며, 우리가 살아가는 데 에너지를 내는 원동력이 됩니다. '맛있는 음식'을 떠올릴 때 행복한 미소가 저절로 떠오르는 것은 인간이 살아가며 음식을 먹는 즐거움이 얼마나 큰지를 보여줍니다.

사람들은 매일 무엇을, 어떻게, 먹어야 맛있게 먹을까를 고민합니다. 주부는 주부대로 매일의 식탁 메뉴에 대해서 고민하고, 직장인은 직장인 나름대로 매끼 점심식사를 해결하기 위해서 고민하지요. 그만큼 살아가는 데 있어 식생활이 차지하는 비중은 굉장히 큽니다.

심하게 스트레스가 쌓일 때 맛있는 음식을 먹으면 스트레스가 한 방에 날아가기도 하고, 사람들과 교류를 할 때도 음식은 분위기를 살리고 친목을 도모하는 매우 중요한 소통의 매개체가 됩니다.

다양한 식문화의 개방과 발달로 말미암아 현대 사회는 입과 눈은 즐겁고 다채로우나 강한 양념, 조미료, 향신료, 식품첨가물이 들어간 인스턴트식품, 레토르트식품, 고지방식품들이 늘고 있습니다. 이것들은 입맛을 자극하여 입은 당기게 하나 건강에는 유해한 요소들이 상당 부분 들어 있습니다. 그 결과 우리가 깨닫지 못하는 사이에 우리 몸의 면역력은 점점 약해지고 있습니다. 과거에는 흔하지 않았던 아토피염이나 불임의 부부가 늘고 있는 것, 비만과 대장질환, 아동성인병, 당뇨병 등의 질병환자가 늘고 있는 것이 이런 식생활과 무관하다고 할 수는 없을 것입니다.

맛있게 먹고 즐겁게 살아가는 것은 중요한 일이지만 조미료, 식품첨가물, 농약이 잔뜩 묻은 음식들은 차라리 안 먹느니만 못합니다. 음식을 배를 채우는 한 끼 식사로 생각하던 과거는 지났으니까요. 이제는 '음식과 약은 그 근본이 하나'라는 약식동원의 생각으로 먹을거리를 건강을 지키는 일등 영양제로 대해야 할 때입니다.

이 책에서는 약식동원이란 마음가짐으로 복잡한 조리법보다는 최소한의 양념으로 간단하게 조리하여 식재료가 지닌 본연의 맛과 영양을 살리는 데 중점을 두었습니다. 간혹 양념이 강하지 않아서 심심한 음식으로 보일 수 있으나 식품 저마다의 맛과 향을 살려 먹도록, 우리의 입맛이 최대한 자연식품에 길들여질 수 있도록 요리를 만들었습니다. 또한 식재료 하나하나가 가지는 성분에 귀를 기울이고 내 가족이 먹는 건강음식이란 것에 초점을 두어 식품이 가진 영양과 효능을 설명하는 데도 게을리 하지 않았습니다.

맛있는 음식을 먹는 즐거움 못지않게 요리를 하는 즐거움 또한 큽니다. 저는 많은 주부들이 이를 깨달았으면 좋겠습니다. '음식을 통해 건강을 지킨다'고 생각하며 음식을 만들면 분명 요리를 하는 즐거움을 느낄 수 있을 것입니다. 이 책이 그러한 행복한 요리를 하는 즐거움을 줄 수 있었으면 하는 바람입니다.

오은경

한눈에 보는 레시피

| 밥과 함께 먹으면 좋은 반찬류 |

현미영양밥 032

된장소스고등어구이 034

된장소스두부구이 036

미역오징어무침 043

마늘가지볶음 044

김치청포묵무침 047

마늘닭살찜 049

해초날치알무침 051

토란대감자볶음 058

피망건새우볶음 060

표고두부속찜 077

참마실부추무침 071

모시조개미나리탕 086

새송이버섯잡채 090

우엉멸치볶음 096

보리강된장 102

청국장꽁치조림 108

들깨우거지나물 115

양파가지볶음 118

양배추바지락볶음 120

연근검은깨구이 125

파래호두볶음 126

| 특별한 날에 차리는 별미요리 |

대추사과냉채　065

수삼닭살초무침　066

참깨소스곤약무침　069

찹쌀단호박전　072

생강채해산물초회　074

부추참치회냉채　089

오미자소스새우구이　095

토마토소스연어찜　101

잣소스죽순무침　112

다시마생채소말이　116

| 간식으로 좋은 샐러드&일품요리 |

전복찹쌀죽　039

녹차수제비　040

당근소스그린샐러드　062

단호박유자맛샐러드　092

모둠콩샐러드　098

브로콜리견과류샐러드　105

새우달걀소보로　111

시금치치즈샐러드　123

Contents
차 례

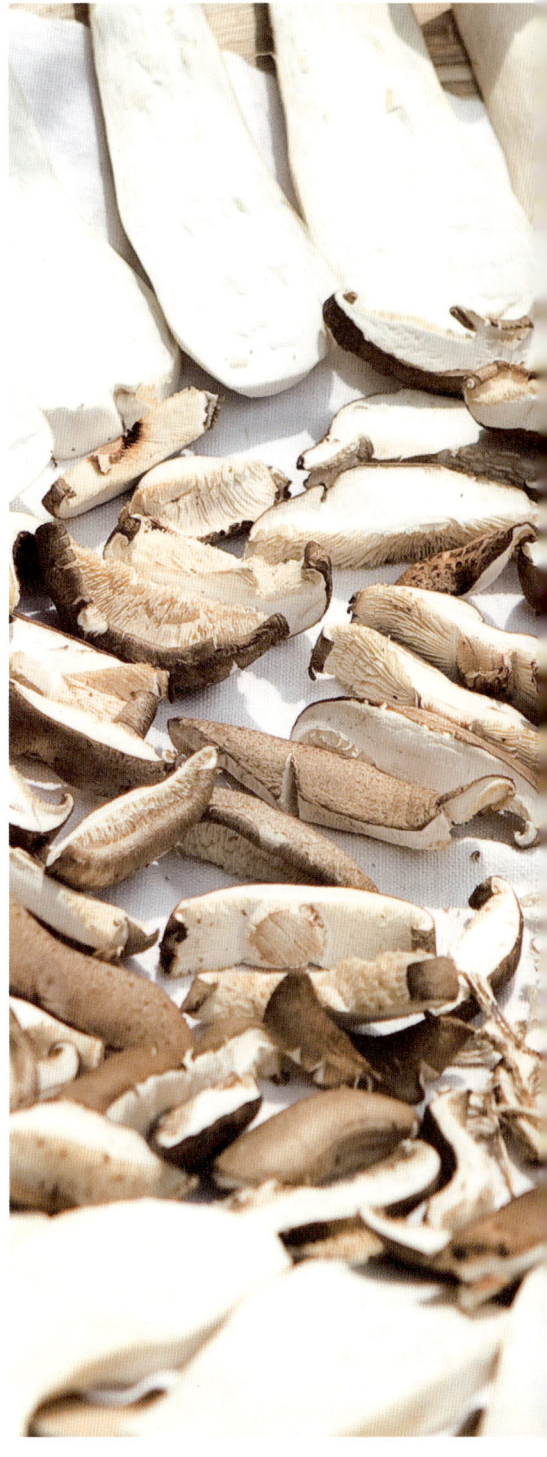

CHAPTER 01
내 몸을 살리는 자연치유력
- 013 자연치유력을 높이는 라이프스타일
- 014 자연치유력을 높이는 식생활
- 017 음식이 약이다
- 020 아토피를 이기는 자연식품
- 022 자연치유력을 높이는 천연조미료
- 024 자연치유력을 높이는 발효음식
- 026 먹을수록 건강해지는 연령별 건강식품
- 028 올바른 먹을거리 관리

CHAPTER 02
체내 독소를 배출하는 디톡스 음식
- 032 현미영양밥
- 034 된장소스고등어구이
- 036 된장소스두부구이
- 039 전복찹쌀죽
- 040 녹차수제비
- 043 미역오징어무침
- 044 마늘가지볶음
- 047 김치청포묵무침
- 049 마늘닭살찜
- 051 해초날치알무침

LOHAS People | 자연요리연구가 문성희
- 052 새콤하게 입맛 당기는 장아찌

CHAPTER 03
스트레스를 해소하는 활력충전 음식
- 058 토란대감자볶음
- 060 피망건새우볶음
- 062 당근소스그린샐러드
- 065 대추사과냉채
- 066 수삼닭살초무침
- 069 참깨소스곤약무침

사진 제공 : 한살림

071 참마실부추무침
072 찹쌀단호박전
074 생강채해산물초회
077 표고두부속찜

친환경생활수기공모전 수상작 | 한진
078 짠순이가 친환경 주부가 될 수밖에 없는 이유

CHAPTER 04
피를 맑게 하는 면역력강화 음식

086 모시조개미나리탕
089 부추참치회냉채
090 새송이버섯잡채
092 단호박유자맛샐러드
095 오미자소스새우구이
096 우엉멸치볶음
098 모둠콩샐러드
101 토마토소스연어찜
102 보리강된장
105 브로콜리견과샐러드

CHAPTER 05
노화방지에 효과적인 음식

108 청국장꽁치조림
111 새우달걀소보로
112 잣소스죽순무침
115 들깨우거지나물
116 다시마생채소말이
118 양파가지볶음
120 양배추바지락볶음
123 시금치치즈샐러드
125 연근검은깨구이
126 파래호두볶음

128 믿고 살 수 있는 친환경 매장
131 나에게 맞는 유기농 가게 찾기

CHAPTER 01
내 몸을 살리는 자연치유력

자연치유란 화학약품이나 수술이라는 치유 방식을 사용하지 않고
체질에 맞는 먹을거리, 제철에 얻어지는 채소와 과일,
산과 들에서 채취한 산야초, 석수, 감로수, 과즙, 고로쇠, 심층수, 바람, 공기 등
자연의 힘을 빌려 각자가 지니고 있는 생명력, 항상성, 면역력을 증대시키고 강화시켜
질병을 치유하고 예방하는 전인 치유학이다.
몸이 스스로 치유하는 능력을 회복한다면 질병에 노출될 확률도 적을 뿐 아니라
질병에 걸렸을 경우 몸을 회복하기도 쉽다.

자연치유력을 높이는 라이프스타일

자연치유력이 살아난다는 것은 그만큼 건강해진다는 의미이다. 정신적·육체적으로 건강하고 즐겁게 살아가기 위해 지켜야 할 간단한 생활습관들을 소개한다.

마인드 컨트롤하라

현대를 살아가는 이들에게 스트레스란 빼놓을 수 없는 최대의 적이다. 모든 병의 근원이 된다고 하는 스트레스는 누구나 해소해야 할 과제가 되고 있다. 모든 것은 마음에서 비롯된다는 말이 있듯이 긍정적인 생각과 즐겁고 행복할 수 있다는 생각으로 스트레스를 해소하자.

즐거움을 느낄 수 있는 취미생활을 가져라

각자가 좋아하고 즐거움을 느낄 수 있는 취미생활이 도움이 된다. 운동, 여행, 독서, 맛있는 음식먹기, 요리만들기 등 자신이 좋아하고 평소 해 보고 싶었던 것을 취미로 삼는다면 스트레스 해소에도 도움이 되고 지루한 일상생활에 활력소가 될 것이다.

규칙적인 생활을 하라

규칙적인 생활은 건강한 몸을 만들 수 있는 또 하나의 방법이다. 인간의 몸은 아침에 일어나 하루 세 번의 식사를 하며 낮에는 활동하고 밤에는 충분한 휴식을 취해야 건강한 몸을 유지할 수 있다. 일의 특성에 따라 반대인 경우도 있겠지만 보편적으로는 일할 때와 공부할 때는 열심히 하고 쉴 수 있는 시간은 한가로움을 누리면서 재충전의 시간을 가지는 것이 중요하다. 규칙적인 식사를 해야 몸의 리듬과 균형이 맞고 몸이 건강해야 즐거운 마음으로 생활할 수 있다.

청정한 몸을 만들어라

생활하다 보면 몸 속에 많은 독이 쌓이기 마련이다. 각종 음식을 너무 과하게 취하거나 몸에 좋지 않은 식품을 즐겨 먹는 경우, 또 스트레스 등의 정신적인 부담감으로 독소 배출이 원활하지 못한 경우가 있다. 예를 들어 인스턴트식품이나 산성식품을 많이 먹는다면 몸 속에 독소가 쌓여 여러 가지의 질병의 원인이 될 수 있다. 체내에 독소가 쌓이면 혈액순환이 제대로 이루어지지 못하고 노폐물 배출이 되지 않아 오장육부의 기능이 저하되고 피로감을 많이 느끼며 매사 의욕이 떨어진다. 또한 피부가 푸석해지고 탈모 증세가 생기기도 한다. 따라서 체내에 쌓인 독은 제때 배출해야 하는데, 장해독이나 간해독 등을 시도해 보는 것도 좋은 방법이며 알칼리성 음식을 섭취해 몸을 중화시키거나 운동이나 마사지 등을 통해 독소를 배출하는 것도 효과적이다.

꾸준히 운동하라

운동은 인간이 살아가면서 의식주만큼이나 중요한 요소다. 운동은 인간의 몸에 활성산소를 불어넣고 몸의 신진대사, 혈액순환에 큰 도움을 준다. 또한 꾸준한 운동은 건강한 신체와 건전한 마인드를 가지게 하므로 긍정적이고 활기차게 일상생활을 할 수 있게 해 준다. 평소 스트레칭을 자주 하거나 걷기 등 가벼운 운동을 하거나 등산, 사이클 등 역동적인 운동을 즐기는 것도 좋은 방법이다. 운동은 일주일에 최소한 3회 이상 해야 하며 한 번 할 경우 30분 이상 꾸준히 해야 한다.

자연치유력을 높이는 식생활

질병은 잘못된 식습관과 생활습관이 반복되어 나타나는 일종의 경고 메시지다. 인간은 하루 세끼의 식사를 하고 차를 마시고 후식을 먹는 데서 얻어지는 영양과 에너지로 활동하게 되는데, 어떤 음식을 어떤 방법으로 먹느냐에 따라 질병이 생길 수도 있고 질병이 예방되거나 치유될 수도 있다. 그러므로 인간이 살아가면서 생기는 여러 가지 질병들은 바른 식품과 생활습관으로 충분히 예방할 수 있다.

특히 식품은 평생의 건강을 좌우할 정도로 매우 중요하다. 그러므로 자연식품에 대한 정보를 두루 습득하고 그렇게 얻은 정보를 통해 올바른 식습관을 가지도록 노력해야 할 것이다. 자연치유력은 거창한 것이 아니라 자연식품에 대해 올바르게 알고 내 몸에 맞는 음식을 제대로 섭취할 때 생기는 것이라 할 수 있다.

도정을 덜해서 먹어라

곡식을 도정하게 되면 각종 영양소들이 떨어져 나가게 되는데 현미는 도정이 덜 된 곡식으로 백미에 비해 각종 비타민과 미네랄 등의 영양소와 식이섬유, 칼륨, 아연 등이 풍부하고, 몸 속의 독소를 배출하는 데 효과가 있다. 백미보다 거친 느낌이 있어 처음에 먹을 땐 다소 껄끄럽게 느껴지지만 우리 몸을 더욱 건강하고 탄탄하게 만들어 줄 수 있는 좋은 식품이다. 찹쌀현미나 발아현미, 발아찹쌀현미도 좋다.

과일과 채소를 먹어라

식품은 크게 산성식품과 알칼리성 식품으로 나뉜다. 곡류, 어류, 육류, 치즈, 달걀, 두부류 등은 산성식품이고 채소, 과일, 해조류, 우유, 감자류 등은 알칼리성 식품이다. 산성식품을 많이 먹게 되면 몸이 산성화되고, 알칼리성 식품을 많이 먹게 되면 몸이 알칼리화된다. 몸이 산성화되면 피로를 쉽게 느끼고 공격적인 성향을 띠기도 하고 두통과 불면증에 시달리거나 각종 병이 생길 수 있기 때문에 알칼리성 식품을 섭취하는 것이 건강에 좋다. 특히 시금치, 브로콜리, 감자, 단호박, 당근, 가지, 토마토, 오렌지, 포도 등은 각종 성인병, 심장병, 암, 당뇨병 등의 성인병 예방에 효과가 있다. 다만 과일은 당분이 많으므로 무조건 많이 먹는 것 보다는 적당량을 먹도록 한다.

콩으로 만든 식품을 먹어라

단백질 식품은 뇌의 활동과 세포와 근육을 만드는 역할을 한다. 밭에서 나는 고기라고 일컬어지는 콩은 특히 몸에 좋은 식물성 단백질이 풍부하고 노화를 억제하는 효능이 있다. 콩은 익혀 먹어도 소화가 잘 안 되는 편이라 소화력이 약한 이들은 콩보다는 콩을 발효해 만든 된장이나 청국장, 두부를 섭취하는 것이 효과적이다. 또 두유, 두부가 건강식품이긴 하지만 첨가물에 따라 오히려 몸에 해로울 수도 있으므로 유화제나 소포제 등의 첨가물을 꼼꼼히 체크하도록 한다.

해조류를 먹어라

건강을 유지하는 비결 중의 하나는 해조류를 풍부히 먹는 것이다. 해조류에는 비타민과 무기질, 섬유질이 풍부하다. 김, 톳, 다시마, 미역, 파래, 매생이, 꼬시래기, 몰, 모자반 등의 해조류가 있는데 항산화작용을 해서 노화를 예방하고, 빈혈을 막아 주며, 피부를 윤기 나게 해 주고, 뼈는 튼튼하게 혈액은 맑게 해 주어 혈압을 내리는 데도 큰 역할을 한다. 채식인이라면 부족하기 쉬운 비타민B_{12} 섭취를 위해 하루 두 장의 김을 먹는 것도 좋다. 또한 김 한 장에는 달걀 한 개에 맞먹는 단백질이 들어 있어 매우 훌륭한 단백질 공급원이 된다. 해조류에 있는 끈끈한 점질물은 알긴산인데 변비를 막아 주는 작용을 한다. 다만 해조류만 많이 먹고 물을 적당히 마시지 않으면 오히려 변비가 심해질 수도 있다. 해조류는 칼로리가 적으므로 많은 양을 섭취해도 살찔 염려가 없다. 생으로 먹기보다는 끓는 물에 데쳐 먹어야 해조류 특유의 비린 맛을 없앨 수 있고 씹는 맛도 좋아진다.

발효음식을 먹어라

된장, 고추장, 간장, 김치, 청국장 등은 세계에서도 인정하는 우리나라 고유의 발효음식이다. 최고의 건강식품이라 해도 과언이 아닐 정도로 몸에 좋다. 특히 집에서 담근 된장은 각종 아미노산과 키토올리고당이 있어 항암 효과가 있고, 콜레스테롤을 저하시키는 데도 한몫을 하고 있다. 실제로 된장은 많은 암 환자들의 식탁에 매일 올려질 정도다. 청국장의 경우 시중에 널리 퍼진 청국장발효기 덕분에 가정에서도 쉽게 만들어 먹을 수 있으므로 날이 선선해지면 한번 띄워 보글보글 끓여 먹어 보는 것도 좋겠다. 김치의 새콤한 맛에는 유기산이 풍부해 장을 건강하게 해 주고 식욕을 돋워 주고 피로회복에도 좋다. 김과 마찬가지로 채식인에게 부족하기 쉬운 비타민B_{12}도 풍부하다. 김치에 들어 있는 각종 효소와 섬유질은 음식물의 소화율을 증가시킨다.

견과류를 먹어라

참깨, 들깨, 잣, 아몬드, 땅콩, 호두에는 불포화지방이 많이 들어 있다. 견과류를 매일 조금씩 섭취하면 항산화작용을 해서 노화를 예방하고 혈액을 맑게 해 주며 피부를 윤기있게 해 준다. 그러나 너무 많은 양을 먹게 되면 칼로리가 높아지므로 주의한다. 건강에 좋다는 이유로 현미 등의 곡물은 통으로 섭취할 것을 권하지만 깨의 경우는 그냥 섭취할 경우 몸에 흡수되지 않고 바로 배설되므로 요리 직전에 갈아서 섭취하는 것이 좋다. 번거롭다면 통들깨를 미리 씻어 말려 두고 냉장고에 보관하면서 밥 먹을 때 한 수저씩 퍼서 그냥 꼭꼭 씹어 먹는다. 깨는 참깨, 들깨, 검은깨로 나뉘는데 가루를 내서 요리하면 깨의 영양분도 충분히 섭취할 수 있고 음식 맛이 한결 부드럽고 풍부한 느낌이 든다.

식물성기름을 섭취하라

참기름은 고소한 맛과 향이 일품이며 산화가 잘 되지 않는다. 특히 비타민E와 세사몰을 함유하고 있어 항산화작용을 하고 노화예방에 효과적이다. 올리브오일, 포도씨오일, 해바라기유도 몸에 좋은 성분이 많다. 하지만 제 고장에서 먹는 것이라면 건강식이겠지만 수입 유통과정에서 산패 우려가 높으므로 한 번 더 생각해 보고 먹는 지혜가 필요하다. 포도씨오일이나 올리브오일 대신 현미유를 권하는 것도 그런 이유에서다. 일단 올리브오일은 올리브 열매를 압착해서 짜낸 기름으로 콜레스테롤의 혈중 농도를 낮추어 성인병 예방에 효과가 있고 비타민E도 풍부하다. 항산화물질이 들어 있어 노화 예방, 암 예방에 좋다. 포도씨오일은 필수지방산인 리놀렌산과 토코페롤, 항산화물질이 많아 피부를 윤기나게 해 주고 노화 예방, 동맥경화 예방에 좋다. 그러나 식물성 기름이라도 최소한의 양을 사용하는 것이 좋으며 기름이 들어간 조리법은 되도록 피하는 것이 좋다.

백설탕 섭취를 줄여라

설탕은 달콤한 맛의 대표적 양념이지만 성분을 따져보면 건강을 해치는 식재료다. 현대인의 각종 병과 비만의 원인이기도 하다. 설탕의 원재료인 사탕수수는 섬유질과 단백질, 미네랄이 풍부한 식품이나 여러 단계의 제조과정을 거치면서 좋은 영양소들이 파괴되고 없어진다. 이렇게 만들어진 것이 정제된 백설탕이다. 정제된 설탕의 가장 큰 문제점 중 하나는 급격한 혈당상승이다. 뿐만 아니라 설탕을 과다섭취 하면 각종 호르몬의 대사를 방해하여 몸의 저항력과 면역력이 떨어지고 장의 건강이 약해져 칼슘이 빠져 나가고 몸이 산성화된다. 따라서 설탕의 섭취를 줄이고 대신 먹을거리 자체가 가지고 있는 단맛을 즐기는 지혜가 필요하다. 식재료에 볶은 소금이나 죽염을 조금 넣으면 단맛이나 구수함이 더 살아나기도 하고, 조청과 양파즙, 사과즙, 파인애플즙 등의 천연과즙을 이용한다면 설탕을 줄이면서도 건강한 단맛을 즐길 수 있다.

음식이 약이다

매일 먹는 식품의 영양과 효능을 알고 필요에 따라 섭취한다면 영양제를 따로 먹을 필요가 없다. 가장 좋은 영양제는 음식물을 통한 섭취라는 것을 잊지 말자. 단 체질에 따라 몸에 맞지 않은 음식이 있을 수 있음에 유의하자.

곡류

현미 | 현미는 씹는 질감이 백미에 비해 거친 곡식이다. 하지만 구수한 현미밥에 한번 길들여지면 백미밥은 너무 싱거워 맛없게 느껴진다. 현미의 쌀눈과 껍질에는 각종 비타민과 영양이 듬뿍 들어 있고 식이섬유, 칼륨, 아연 등이 풍부하다. 다이어트는 물론 노화 예방, 몸 속의 중금속을 배출하는 데 큰 역할을 한다. 다만 백미에 비해 소화율이 조금 떨어지는데 물에 40분 정도 담가 충분히 불린 뒤 찰보리, 콩, 다시마 등을 넣고 밥을 해서 꼭꼭 씹어 먹으면 고소하고 맛이 있다. 현미를 볶아 싸 가지고 다니면 과자 먹는 것처럼 맛있어 주전부리를 따로 안하게 되니 일거양득이다.

율무 | 율무는 칼륨, 칼슘, 아연을 비롯한 무기질과 필수 아미노산, 비타민 등이 풍부하고 특히 피부를 환하고 깨끗하게 해 주는 작용이 있어 기미, 주근깨가 많은 이들이 꾸준히 먹으면 도움이 된다. 또한 소변의 배출을 돕고 류머티스에도 효과가 있다. 율무는 알이 굵은 통곡식으로 물에 씻은 후 30분 정도 담가 충분히 불린 뒤 요리에 이용한다.

붉은팥 | 팥은 곡류 중에서 비타민B_1이 가장 많이 들어 있다. 백미로 지은 밥은 비타민B_1이 부족한데 팥과 백미를 섞어 밥을 지으면 부족한 비타민을 보충할 수 있어 영양적으로도 효과적이다. 팥의 붉은색은 안토시아닌이라는 색소로 이는 항산화작용을 하여 콜레스테롤을 떨어뜨리고 노화를 예방하며 변비를 예방하는 데 효과가 있다. 팥은 단단하게 건조가 되어 있으므로 충분히 삶아서 요리에 이용하는데 팥을 끓인 첫물은 사포닌 성분이 있어 용혈독을 일으켜서 설사를 할 수 있으므로 반드시 따라 버리고 다시 물을 부어 삶아서 요리에 이용한다.

콩류 | 콩의 식물성 단백질은 체내 독성물질이 쌓이는 것을 예방하며 항산화작용을 하고 콩 속의 칼슘은 뼈를 튼튼하게 하며 빈혈을 예방하고 피를 맑게 한다. 또한 콩은 사포닌과 비타민E(토코페롤)가 풍부해 기미를 방지하고 혈액순환을 원활하게 한다. 콩의 레시틴은 치매를 예방하고 콩에 함유되어 있는 지방의 50퍼센트는 리놀산으로 이는 콜레스테롤을 씻어내어 혈관벽을 튼튼하게 한다. 밥에 두어 먹거나 비지를 이용한다든지 살짝 데쳐 갈아 먹어도 좋다.

뿌리식품

연근 | 연의 뿌리인 연근은 아미노산과 레시틴, 펙틴이 많고 비타민B_{12}를 다량 함유하고 있다. 연근을 잘랐을 때 끈끈한 성분에는 단백질과 당질이 들어 있다. 연근은 정력을 강화시키고 피로를 풀어 주며 신경안정에 좋다. 연근을 갈아 만든 연근 즙은 혈압을 낮추는 데 큰 역할을 한다. 연근은 갈변이 잘 되는 채소이다. 갈변을 막는 방법으로는 껍질을 벗기고 썰어 식초 1큰술을 넣은 물에 넣고 살짝 데친 뒤 쓰면 된다. 조리과정이 복잡하고 번거롭다면 통째로 삶아 그냥 먹어 보자. 자기 입맛에 맞게 적당히 쪄주면 감자처럼 담백한 맛을 즐길 수 있다.

우엉 | 우엉은 당질이 주성분으로 섬유질이 많고 열량이 거의 없다. 우엉에는 이눌린 성분이 있는데 당뇨를 치료하는데 효과가 있고 신장을 튼튼하게 하며 이뇨에 좋은 효과를 낸다. 또한 위장질환, 피부질환에도 효과가 있다. 우엉을 씻어 껍질째로 5분 정도 쪄서 그냥 오독오독 씹어 먹으면 씹는 질감도 좋고 향이 아주 좋다.

도라지 | 도라지에는 당분과 섬유질이 많고 칼슘, 철분이 많다. 도라지에 함유된 사포닌은 호흡기 질환에 도움이 되는데 특히 가래를 삭혀 주고 기침을 완화시키는 데 효과가 있다. 그러나 도라지는 독성이 있어 많은 양을 한꺼번에 먹으면 좋지 않으므로 주의해야 한다.

무 | 무는 비타민C와 칼슘이 풍부한 채소다. 특히 껍질에 비타민C가 풍부하므로 껍질째 먹되 껍질의 흠집만 도려내고 먹는다. 무에는 다른 채소에 비해 소화효소가 많아 소화작용을 돕는다. 겨울 무는 단맛이 강해 그냥 생으로 먹어도 아주 맛있다.

열매식품

호두 | 국내산 호두는 비싸기는 하지만 단백질 함량이 육류보다 많고 지질의 함량도 풍부하고 무기질, 비타민도 풍부하다. 호두의 지질은 불포화지방산으로 혈청 콜레스테롤을 낮춰 주고 피부에 윤기를 준다. 그래서 호두는 노화예방, 강장효과가 있으며 기억력을 좋게 하는 두뇌에 좋은 식품으로 알려져 있다. 호두에는 약간의 떫은 맛이 있는데 이는 껍질에서 나는 것이다. 호두를 마른 팬이나 오븐에 넣어 10분 정도 구우면 떫은맛이 많이 제거된다. 껍질을 까도 떫은맛이 가신다. 물에 불려 까면 쉽게 속껍질이 벗겨지는데 너무 오래 불리면 맛이 떨어지므로 주의한다.

배 | 배는 효소가 많아 소화를 돕고 연육작용을 한다. 변비예방, 이뇨작용이 있고 기침을 그치게 해 주며 니코틴을 해독하는 등 과일로는 다양한 효능이 있다. 감기 초기에 배에 꿀을 채워 찜을 하거나 차로 끓여 마시면 좋고 감기예방에도 효과가 좋다. 그러나 냉한 과일이므로 몸이 찬 사람은 너무 많이 먹지 않는 것이 좋다.

대추 | 비타민C가 풍부하고 변비예방, 노화방지, 내장기능회복, 이뇨작용 등에 효과가 있다. 특히 대추의 달콤한 맛은 진정작용을 해 주는데 신경안정, 불면증 등의 질환에 대추를 많이 먹으면 효과가 있다. 찬바람 날 때는 대추차도 좋고 찹쌀에 잡곡, 밤, 대추 등을 넣어 찰밥을 해 김에 싸면 도시락으로도 손색이 없다. 찰밥은 차게 해서 먹는 게 더 맛있으니 도시락으로 제격이다.

밤 | 저렴하고 맛있는 견과류라 가을에 부담 없이 즐길 수 있다. 단백질, 탄수화물, 칼슘, 비타민, 인, 철분 등을 고루 함유하고 있고 특히 과일을 제외한 열매 중 비타민C가 가장 풍부하다. 한 끼에 밤 다섯 개만 먹어도 밥 한 공기와 맞먹는 영양분이 있을 정도로 영양뿐만 아니라 맛과 향이 좋아 몸이 허약한 사람이 먹으면 기운이 나고 식욕을 돋워 주며 안색이 좋아진다. 또한 밤은 소화가 잘되게 해 주며 장을 튼튼하게 한다. 장에 탈이 나거나 설사를 할 때 밤죽을 먹으면 좋다.

아토피를 이기는 자연식품

현대병으로 불리는 아토피는 정확한 원인을 규명하기 어렵고 치료법 또한 명확하게 제시하기 어렵다.
환경, 음식물 등 다양한 원인으로 야기되는 병이지만 음식을 통해 효과적으로 예방할 수 있다.

흰살생선 | 비타민이 많고 질 좋은 단백질을 함유하고 비린내가 적은 흰살생선으로는 가자미, 대구, 동태, 병어, 갈치 등이 있다. 등푸른생선은 비린내가 강한 생선으로 알레르기 반응도 민감하게 일으킨다. 아토피염을 가지고 있는 이들은 등푸른생선에 매우 민감한데 아토피 증상을 더 심하게 만들므로 피하는 것이 좋다.

검은깨 | 깨에 들어 있는 리놀렌산과 비타민E는 건조한 피부를 촉촉하고 윤기나게 해 주며 피부병에 대한 면역력을 강하게 해 준다. 깨에 들어 있는 질 좋은 지질은 피부의 가려움증을 예방하고 완화시킨다. 깨는 차를 끓여 마시거나 깨죽, 깨음료, 깨과자 등을 만들어 먹는다. 차를 만드는 방법은 깨를 충분히 볶은 뒤 가루를 낸 다음 끓는 물을 붓고 꿀을 타서 마시거나 가루에 물을 붓고 한 번 끓인 뒤 꿀을 타서 마시는 방법이 있다.

매실 | 매실에 있는 구연산은 해독작용, 살균효과, 피로회복 등의 효과가 있다. 아토피는 산성화된 체질에서 나타날 수 있는 증상인데 알칼리성 식품인 매실을 꾸준히 섭취함으로써 산성화된 몸을 중화시켜 알칼리화시킬 수 있으므로 도움이 된다.

키위 | 키위는 사과나 오렌지에 비해 많은 양의 비타민C를 함유하고 있다. 키위 한 개를 먹으면 하루 필요한 비타민 양을 다 섭취할 정도로 비타민이 풍부하다. 비타민C는 항염증작용과 항산화작용이 있어 피부를 윤기나게 해 주고 피부 가려움증을 막는 데도 탁월하다. 무농약 키위라면 칼로 껍질을 까지 않고 박박 씻어 껍질째 먹는 것이 좋다.

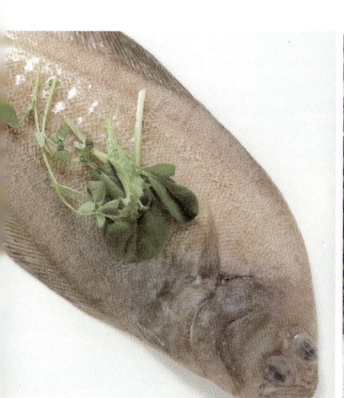

자연치유력을 높이는 천연조미료

아무리 좋은 식재료로 몸에 좋은 음식을 만들더라도 음식에 들어가는 조미료가 인공조미료라면 건강한 음식이라 할 수 없다. 주재료는 물론 양념, 조미료 등도 천연재료여야 몸에 좋은 음식이다.

맛간장

국간장에 준비한 재료를 큼직하게 저며 넣고 불 위에 올려 20분 정도 중간 불로 은근하게 끓인 뒤 고운 망에 걸러 식힌 후 병에 담아 놓고 쓴다. 각종 국이나 찌개, 전골, 나물무침 등에 이용하면 잡냄새가 없고 음식의 맛을 깊고 풍부하게 해 준다.

재료

국간장 …… 1리터	통후추 …… 10g
양파 …… 1개	마른 고추 …… 3개
마른 표고버섯 …… 3개	청주 …… 2큰술
다시마 …… 30g	마늘 …… 5개
마른새우 …… 20g	생강 …… 1쪽
파뿌리 …… 8개	

분말천연조미료

국물멸치는 내장을 제거한다. 다시마는 작게 자르고 표고버섯도 작게 쪼갠다. 준비한 재료들을 마른 팬에 올려 중간 불에서 볶아 말린다. 이렇게 볶으면 각자 가지고 있는 비린내가 많이 없어진다. 볶은 재료들은 식힌 뒤 분쇄기에 넣어 곱게 갈아 분말천연조미료로 쓴다. 나물무침, 찌개, 볶음용 조미료로 쓴다. 집에 있는 재료에 따라 표고가루 혹은 다시마가루만을 이용해도 된다.

재료

- 다시마 …… 30g
- 국물멸치 …… 10마리
- 마른새우 …… 20g
- 마른 표고버섯 …… 2개

표고버섯육수

물 5컵에 표고버섯을 여러 등분으로 쪼개어 넣고 마른 새우, 통파를 넣어 중간 불에서 10분 정도 뭉근하게 끓여 고운 망에 거른 후 육수로 쓴다. 찜, 조림용 육수로 쓴다.

재료

- 물 …… 5컵
- 마른 표고버섯 …… 3개
- 마른새우 …… 30g
- 파 …… 1/2줄기

다시마멸치육수

물 5컵에 가윗집을 낸 다시마와 내장만 제거한 국물멸치를 넣어 중간 불에서 10분 정도 뭉근하게 끓인 후 고운 망에 걸러 국이나 찌개, 전골, 국수 육수로 쓴다.

재료

- 물 …… 5컵
- 다시마 10cm 길이 …… 1장
- 국물멸치 …… 8마리
- 파 …… 1/2줄기

올리고당의 이모저모

올리고당은 원래 식물에서 얻어지는 단맛이나 소량이라서 공업적으로 생산된다. 섭취 시 혈당을 높이지 않고 당도도 설탕의 10~30퍼센트에 불과해 충치예방 효과가 있으며 칼로리도 설탕에 비해 낮고 식이섬유가 많다. 대장으로 들어가서는 비피더스라는 장내 유익한 세균의 먹이가 되는데 그 결과 장내 부패를 막고 변비, 설사도 없어진다. 뿐만 아니라 면역력이 강해져 다른 식중독이나 바이러스들도 약하게 만들며 비타민B군의 생성, 칼슘의 흡수, 혈당과 콜레스테롤의 수치를 낮추는 역할도 한다. 이런 기능을 가진 올리고당은 기능성 올리고당이라 하며 자일로올리고당, 갈락토올리고당, 프락토올리고당 이소말토올리고당, 대두올리고당 등이 있다. 이 책의 레시피는 설탕의 단맛 대신 매실청과 올리고당을 함께 사용했다. 매실청은 시큼한 맛과 향이 강해서 재료의 맛을 최대한 살릴 때 사용했고 순한 맛의 요리에는 올리고당을 넣어서 만들었다.

자연치유력을 높이는 발효음식

발효음식은 두고 오래 먹을 수 있을 뿐만 아니라 밑반찬으로 활용도 높아 준비해 두면 식탁이 풍성해지는 메뉴다.

무된장장아찌

무는 밭에서 나는 삼이라 일컬을 정도로 영양분이 많다. 보혈작용이 있고 소화율을 높여 주며 감기에 걸렸을 때도 먹으면 효과가 있다.

재료
무 ·················· 2개
된장 ················ 10컵

만들기 무는 껍질째 씻어 물기를 닦고 큼직하게 잘라 소금을 뿌린 후 3일간 절인다. 무의 수분을 제거한 뒤 된장 사이사이에 박아 3개월 이상 익힌다. 된장 속에 무가 푹 박혀야 된장 맛과 간이 깊이 밴다. 먹을 때는 채 썰어 올리고당, 통깨, 참기름으로 무쳐 먹는다.

우엉고추장장아찌

우엉은 신장에 매우 유익한 식재료다. 우엉의 성분은 신장을 깨끗하게 해 주고 간기능을 좋게 해 주며 혈액을 맑게 해 주는 효과가 있다. 껍질 부분에 특히 영양이 많으므로 껍질째 깨끗하게 씻은 뒤 장아찌를 담는다.

재료
우엉 ················ 3줄기
고추장 ·············· 6컵
식초 ················ 2큰술

만들기 우엉은 껍질째 씻은 후 7센티미터 길이로 잘라 반을 가른 뒤 식초를 넣은 끓는 물에서 살짝 데친 후 물기를 말린다. 고추장 사이사이에 우엉을 박아 3개월 이상 삭힌다. 먹을 때는 채 썰어 올리고당, 다진 마늘, 통깨로 무쳐 먹는다.

매실청

소화불량, 구토, 설사, 속쓰림 등의 증상들을 잡아주는 역할을 한다. 매실청을 탄 음료 한 잔이면 숙취해소에도 도움이 된다. 피로회복이나 식중독예방에도 좋다. 매실청은 음료나 차로 마시거나 각종 고기요리, 찜요리, 양념장 만들 때 넣어 두루두루 이용한다.

재료
매실 ·················· 3kg
황설탕 ················ 3kg

<u>만들기</u> 매실은 물에 2~3번 씻은 뒤 체반에 널어 물기를 말린다. 매실의 꼭지를 떼고 이쑤시개로 세 번 구멍을 낸 뒤 황설탕과 뒤섞어 입구가 좁은 병에 넣고 맨 위에 황설탕을 덮은 후 무거운 돌로 눌러 밀봉하여 3개월 간 숙성시킨다. 3개월 후 매실청만 따라 병에 담은 후 냉장실에 넣어 두고 쓴다.

백설탕에 비해 황설탕은 칼슘과 철분을 지니고 있다. 건강을 생각한다면 설탕의 섭취를 최대한 줄이는 것이 좋지만 음식의 단맛을 내는 데는 빠질 수 없는 감초 같은 양념이기도 하다. 매실 또한 발효시키고 맛을 우려내려면 설탕이 필요하다. 매실의 좋은 성분들이 발효·숙성하여 더욱 강하게 작용을 하므로 매실청을 만들어 두고 설탕 대신 요리의 단맛을 내는 데 이용하면 좋다.

마늘장아찌

마늘은 신경통과 노화를 방지하고 항암효과를 지니고 있는 건강장수 식품이다. 혈액순환이 잘 되게 도와주고 숙취해소, 피로회복에 좋다.

재료
깐마늘 ················ 600g
식초 ·················· 1컵

장아찌국물
간장 ·················· 1컵반
식초 ·················· 1/2컵
설탕 ·················· 1/2컵
마른 고추 ············· 4개

<u>만들기</u> 깐마늘은 꼭지를 떼고 물에 씻어 건진 후 물기를 말린다. 물 4컵에 식초 1컵을 섞은 물에 마늘을 넣어 3~4일간 삭힌다. 장아찌국물은 분량대로 재료를 섞어 살짝 끓인 뒤 식힌다. 삭힌 마늘에 장아찌국물을 부어 3개월 숙성시킨다. 7일 간격으로 장아찌국물만 따라 끓여 식힌 뒤 붓기를 2번 반복한 다음 꺼내어 먹는다.

먹을수록 건강해지는 연령별 건강식품

나이에 따라 활동량과 신체 발달에 차이가 있으므로 필요한 영양소도 각각 다르다.
성장 발달에 따라 필요한 영양소를 챙겨 먹는다면 건강을 유지하는데 도움이 된다.

10대
집중력 높이기, 성장, 스트레스 해소

어린이와 청소년기는 무엇보다 학습에 열중할 때이고 성장발달이 집중적으로 이루어지는 시기이므로 두뇌개발과 학습능력을 향상시키고 집중력을 높여 주는 식품을 섭취할 필요가 있다. 이 시기에 도움이 되는 식품으로는 질좋은 단백질 식품과 신선한 채소, 과일, 칼슘이 듬뿍 들어 있는 치즈류, 생선류 등이다. 특히 많이 섭취해야 하는 식품은 시금치, 녹황색 채소, 우유, 치즈, 뼈째 먹는 생선, 콩류, 각종 견과류, 해조류, 과일류 등이다.

40~50대
노화방지, 뼈건강, 소화장애

40대가 되면 노화가 시작되는 시기이다. 출산을 한 여성일 경우 뼈가 약해져 골다공증, 빈혈, 호르몬 부족 현상이 올 수 있고 남성의 경우 오랜 사회생활과 스트레스로 말미암아 몸 여기저기에 적신호가 나타나기 쉽다. 또한 몸의 노화로 피부에 탄력이 떨어지기 시작하고 소화력도 약해질 수 있는 시기이므로 양질의 단백질과 칼슘, 신선한 채소, 과일, 콩류, 해조류 등의 영양을 고루 섭취해야 한다. 식품으로는 각종 견과류와 참기름, 참깨, 들깨 등의 종실류, 치즈, 우유, 섬유질이 많은 채소류, 과일류 등이 있다.

20~30대
음주 흡연에 따른 건강, 스트레스 해소

사회생활을 시작하게 되는 20~30대에는 음주문화와 흡연을 시작하는 시기이며 사회적인 활동이 크므로 스트레스도 많이 받게 된다. 음주와 흡연, 스트레스는 건강한 몸을 황폐하게 만드는 주범인데 이 또한 식생활로 다스리게 되면 좀 더 완화될 수 있고 건강하고 즐거운 사회생활을 할 수 있다. 이 시기에는 적절한 단백질공급과 신선한 채소와 과일, 미네랄이 풍부한 해조류 등을 골고루 섭취해야 한다. 식품으로는 대추, 브로콜리, 호두, 우유, 토마토, 파래, 다시마, 닭가슴살, 각종 해산물 등이 있다.

60대 이후
체력유지, 노화방지

인생의 후반기에 접어드는 시기이다. 체력과 소화력이 약해지고 피부의 윤기와 탄력이 없어지며 탈모현상이 생기기도 하므로 양질의 단백질과 칼슘 섭취, 신선한 채소류와 과일류, 콩류 등을 즐겨 먹어야 한다. 동물성지방이 많은 육류는 적게 섭취해야 소화도 잘 되고 동맥경화와 같은 성인병 예방에도 도움이 된다. 식품으로는 검은깨, 다시마, 검은콩, 호두, 흑미, 소화가 잘 되는 해산물류, 섬유질이 많은 과일을 섭취하도록 한다.

올바른 먹을거리 관리

몸에 이로운 것을 섭취하면 건강에 좋다는 것은 누구나 알지만
믿고 신뢰할 만한 음식을 선택하기란 여간 까다로운 것이 아니다!

시장에 나가보면 참으로 많은 인스턴트식품과 패스트푸드가 있다. 인스턴트식품에는 맛과 보관, 색깔을 위해서 착색료, 식품보존료 등의 식품첨가물이 들어가 있고 패스트푸드에는 영양분과 섬유질은 부족하고 동물성지방이 과다하게 들어 있어 영양의 불균형을 초래할 수 있다. 소아비만, 당뇨, 성인병, 아토피 등의 질병이 발생하는 이유도 편하고 쉬운 먹을거리만을 추구한 결과라 할 수 있다.

올바른 먹을거리란 바로 자연 그대로에서 얻어지는 재료를 말한다. 육류라면 호르몬제나 성장촉진제를 먹이지 않고 키운 동물에서 얻어지는 고기를 말하고 채소나 과일이라면 화학비료와 인공적인 성분을 먹고 자라지 않은 것들을 말한다. 채소일 경우 비닐하우스에서 자란 것보다는 노지에서 자란 것이 각종 영양소와 비타민이 풍부하다. 식물이 자라는 데는 햇빛과 물과 공기, 양분이 필요한데 비닐하우스는 이러한 여건을 제대로 갖출 수 없기 때문이다.

무엇을 살까?

육류는 풀과 사료를 먹이고 자연에서 직접 키운 소, 돼지, 닭에서 얻어진 것이라면 안심할 수 있다. 채소와 과일류는 화학비료를 거의 쓰지 않고 자란 유기농 채소와 과일이 좋다. 달걀도 항생제를 먹이지 않은 닭이 낳은 유정란이 안전하다. 된장이나 간장, 고추장 등의 장류는 재래식으로 제대로 발효시켜야 영양분과 각종 효소들이 듬뿍 들어 있다. 우유의 경우 논란의 여지가 많은 식품이다. 동물들의 먹을거리를 빼앗고 우유를 짜내기 위해 1년 내내 '그녀들'을 임신시키는 비윤리적인 먹을거리이기 때문이다. 또 우유는 동물의 몸에 흡수되었을 환경호르몬 등 각종 유해물이 고기에 비해 더 농축되어 있을 수 있고 사람의 성장속도와 다른 소를 위한 젖이므로 사람에겐 적합하지 않을 수 있기 때문이다.

안전한 먹을거리도 중요하지만 내 몸에 맞는 먹을거리를 적절히 먹어 주는 것이 바른 먹을거리 선택법이다. 가령 육류를 먹으면 소화가 안 되고 두통이 있는 이들, 우유를 마시면 알레르기 반응을 보이는 이들이 있는데 육류가 잘 소화되지 않는 사람은 육류의 단백질을 두부, 콩 등의 식물성 단백질로 섭취하고, 우유가 맞지 않는 이들은 우유 대신 소화가 잘되는 두유나 녹황색 채소를 섭취하는 등으로 방법을 바꿔 볼 수 있다. 아무리 좋은 먹을거리라도 내 몸에 맞지 않는다면 맛난 음식도 무용지물임을 알아야 한다.

어디서 살까?

요즘은 유기농코너가 일반화되어 곡류, 채소류, 우유류, 두부류, 과자류, 빵류, 쥬스류 등 다양한 유기농 제품들을 쉽게 만날 수 있다. 사는 곳에서 가까운 유기농 매장을 이용하거나 인터넷에서 주문해 이용할 수 있다. 이 책의 뒤에 생협과 유기농 매장을 정리해 놓았으니 참고하도록 한다. 된장이나 고추장, 간장 등은 장독대에서 직접 발효시킨 것을 구입한다면 안전하게 믿고 먹을 수 있다. 유기농코너는 이팜, 초록마을, 올가, 생협, 한살림 등이 유명하고, 개인직거래 농가는 각 지방의 농협유통센터에서 직접 구입하거나 인터넷 검색을 통해 각 식품별로 구입이 가능하다.

어떻게 먹을까?

질 좋은 먹을거리라 해서 무조건 몸에 좋은 것은 아니다. 어떤 재료를 어떠한 방법으로 조리했는지도 중요한 문제다. 감자의 경우 알칼리성 식품으로 비타민과 각종 영양분을 가지고 있는데 이 감자를 기름에 튀기면 지방이 많아져 몸에 해로운 음식이 된다. 지방을 과다섭취할 경우 비만이나 각종 성인병의 근원이 될 수 있기 때문이다. 기름을 많이 넣고 조리하는 튀김이나 볶음보다는 기름을 적게 쓰거나 거의 쓰지 않는 찜이나 무침으로 조리하는 것이 바람직하고 채소의 경우 어떤 전문가는 살아 있는 채소의 효소를 받아들이기 위해 생식을 주장하는가 하면, 또 어떤 전문가는 '살아 있기' 때문에 가지고 있을 수밖에 없는 일부 독성을 우려해 김치로 담가 먹거나 익혀 먹을 것을 권하기도 한다. 따라서 채소는 되도록 그 계절에 나는 제철채소를 먹도록 하고 생으로 먹을 수 있는 것들은 쌈장이나 드레싱을 곁들여 생으로 먹는 것이 좋겠다.

언제 먹을까?

채소와 과일은 계절에 맞게 햇빛을 충분히 받고 자란 것들이 단연 엽록소와 비타민 등이 많고 맛도 최고다. 제철식품을 따져 본다면 봄에는 조기, 꽃게, 새우, 시금치, 냉이, 달래, 씀바귀, 쑥, 두릅, 딸기, 여름에는 오이, 감자, 풋고추, 애호박, 부추, 호박잎, 수박, 참외, 토마토, 열무, 가을에는 연근, 우엉, 무, 배추, 단호박, 고구마, 겨울에는 생미역, 생다시마, 파래, 오징어, 생태, 고등어, 순무, 무화과 등이 있다.

사진 제공 : 한살림

CHAPTER 02
체내 독소를 배출하는 디톡스 음식

우리 몸에 독소가 쌓이면 혈액순환이 원활하지 못해
영양의 공급이 제대로 이뤄지지 않고, 노폐물이 체외로 배출되지 않게 된다.
이렇게 되면 늘 몸이 무겁고 피곤하다. 또한 피부는 거칠어지고 각종 질병에 노출되기 쉽다.
평소 몸을 가볍고 깨끗하게 하는 디톡스 음식으로 청정한 몸을 만들어 보자.

현미영양밥

통곡식의 으뜸인 현미에 콩, 기장, 수수를 함께 넣고 지은 영양밥이다.
도정을 하지 않아 영양분이 살아 있는 현미 또는 보리, 율무, 수수, 등의 통곡류에는
칼슘, 인, 철, 무기질, 비타민B군이 풍부해 백미로 지은 밥 한공기보다 훨씬 영양가치가 크다.

재료(2인분)
- 현미 ·················· 1컵
- 수수 ·················· 1/3컵
- 기장 ·················· 1/3컵
- 검은콩 ················ 1/3컵
- 물 ···················· 2컵
- 소금 ·················· 조금

1 현미, 수수, 기장은 한데 섞어 2~3번 씻은 후 물을 붓고 40분가량 불린다.
2 잡곡이 충분히 불면 체에 건져 놓는다.
3 검은콩은 물에 2~3번 씻은 뒤 물을 붓고 20분 정도 불린다.
4 잡곡 불은 것과 검은콩을 섞어 밥솥에 담고 물과 소금을 조금 넣어 밥을 짓는다.

현미밥을 잘 지으려면

현미, 수수 등의 통곡식은 일반 쌀에 비해 불리는 시간이 많이 걸리는데 물에 씻은 뒤 40분 정도 불려야 수분을 충분히 먹어 고슬고슬하고 소화가 잘되는 밥을 지을 수 있다. 현미밥은 쌀밥에 비해 소화가 좀 덜 되는 편이어서 꼭꼭 여러 번 씹어 먹는 것이 좋다.

된장소스고등어구이

고등어를 살만 발라낸 뒤 구수한 된장소스를 발라 재워 두었다가 구운 요리이다.
고등어의 지질에는 불포화지방산이 많아 몸에 이로운데 이는 동물성 지질과는 다른 것으로
많이 먹어도 해가 없다.

재료(2인분)
- 고등어 ······················ 1/2마리
- 깻잎 ························ 3장
- 대파 흰부분 ················· 6cm 길이
- 생강즙 ······················ 2큰술
- 매실주 ······················ 1큰술
- 포도씨오일 ·················· 적당량

된장소스
- 된장 ························ 2큰술
- 생수 ························ 2큰술
- 올리고당 ···················· 1작은술
- 다진 마늘 ··················· 1/2작은술
- 참기름 ······················ 1/2큰술

1. 고등어는 살만 포를 뜬 다음 배 쪽에 생강즙과 매실주를 섞은 생강술을 뿌려 10분가량 재운다.
2. 깻잎은 돌돌 말아 채 썰고 대파는 3센티미터 길이로 곱게 채 썬다. 대파 채는 찬물에 담가 파의 매운맛을 뺀 뒤 건진다.
3. 된장에 생수, 올리고당, 다진 마늘, 참기름을 섞어 소스를 만든다.
4. 밑양념한 고등어에 된장소스를 발라 20분 정도 재워 두었다가 간이 고루 스며들면 그릴에 넣어 10분 정도 굽는다.
5. 고등어된장구이 위에 깻잎채와 파채를 얹어 낸다.

🍀 고등어된장조림

된장구이뿐만 아니라 고등어를 된장양념에 졸여도 구수하고 담백한 고등어의 맛을 즐길 수 있다.
된장조림을 할 때는 배추우거지나 무청을 깔고 졸이면 각종 비타민과 섬유질을 함께 먹을 수 있어 더욱 좋다.
된장은 고등어의 비린 맛을 없애 주어 양념으로 궁합이 잘 맞는다.

된장소스두부구이

된장에 갖은 양념을 하여 두부 위에 발라 구운 된장소스두부구이는
전통 발효음식인 된장과 식물성 단백질의 대표적인 영양보고인 두부가 만나
손쉽고 간편하게 만들 수 있는 대표적인 건강 요리이다.

재료(2인분)
- 두부 ······················ 1/2모
- 풋고추 ···················· 1개
- 붉은 고추 ················· 1개
- 포도씨오일 ················ 적당량

된장소스
- 된장 ······················ 2큰술
- 청주 ······················ 1큰술
- 매실청 ···················· 1큰술
- 물 ························ 1큰술
- 다진 마늘 ················· 1/2작은술
- 참기름 ···················· 1작은술
- 통깨 ······················ 조금

1. 두부는 작은 도마로 눌러 10분 정도 두어 수분을 어느 정도 제거한 뒤 1센티미터 두께로 큼직하고 두툼하게 썬다.
2. 풋고추와 붉은 고추는 동글게 저며 썰어 물에 씻은 후 씨를 제거한다.
3. 냄비에 된장, 청주, 매실청, 물, 다진 마늘을 넣고 끓으면 마지막에 참기름과 통깨를 넣고 불을 끈다.
4. 팬을 달군 뒤 포도씨오일을 두르고 두부를 얹어 노릇하게 굽는다. 구운 두부에 된장소스를 바르고 고추 썬 것을 얹어 낸다.

🥄 남은 두부를 오래 보관하려면
끓는 물에 넣고 한 번 후루룩 끓인 뒤 찬물에 담가 냉장 보관하면 4~5일 정도 두어도 안전하게 먹을 수 있다.
또한 된장소스를 끓여서 구운 두부에 발라 먹는 것도 좋지만 기름의 섭취를 조금이라도 줄이고 싶다면
두부 위에 된장소스를 바른 후 그릴에 넣어 중간 불에서 구워 먹는다.

재료(2인분)

전복	2개
찹쌀	1컵
표고버섯	2개
실파	2줄기
물	7컵
참기름	1큰술
소금	조금

전복양념

다진 마늘	1작은술
참기름	1/2큰술
국간장	1/2큰술

1 전복은 수저로 살만 떼어낸 뒤 내장을 조심스럽게 잘라 낸다. 내장이 푸르고 신선하다면 버리지 않고 죽 끓이는 마지막에 넣는다.

2 전복은 얇게 저며 다진 마늘, 국간장, 참기름으로 양념한다. 표고버섯은 기둥을 자르고 굵직하게 다진다.

3 찹쌀은 2~3번 씻은 뒤 물에 담가 30분 정도 불린 다음 체에 건져 물기를 뺀다.

4 냄비에 참기름을 두르고 양념한 전복, 표고버섯, 찹쌀을 넣어 달달 볶다가 여섯 배의 물을 부어 끓인다. 처음에는 주걱으로 저어 가며 끓이다가 세게 끓으면 중간 불로 줄인 뒤 가끔씩 저어 가며 뭉근하게 끓인다.

5 쌀알이 푹 퍼지면 전복 내장을 넣고 섞어 소금 간을 한 다음 잠깐 끓이다가 송송 썬 실파를 뿌린다.

전복을 구하기 힘들 때

전복을 구하기 힘들 때는 참소라살을 이용해서 죽을 끓여도 맛있다.
전복이나 소라살은 해산물 특유의 잡내가 나지 않으므로
특별한 양념이나 강한 향신료를 쓰지 않아도 담백한 죽 맛을 낼 수 있다.
패류는 부패 속도가 빠르고 그중 내장의 부패가 가장 빠르므로 재료를 선택할 때 주의해야 한다.

전복찹쌀죽

불로장수식품으로도 손꼽히는 전복은 감칠맛과 달큰한 맛이 나는데 생선보다 지질이 적고 단백질이 풍부해 회복식으로도 그만이다. 신선한 전복의 내장은 해조류의 독특한 냄새와 쌉쌀한 맛이 난다. 죽은 푸른 내장을 넣고 끓이면 맛이 일품이다.

녹차수제비

통밀가루에 녹차가루를 넣고 반죽한 뒤 구수한 멸치국물에 조개와 채소를 넣고 끓인 건강 수제비이다.
녹차는 많은 영양성분을 가지고 있지만 그중 비타민C가 매우 풍부해서 피로회복, 숙취해소에 좋고
강한 알칼리성 식품으로 위를 튼튼하게 한다.

재료(2인분)

통밀가루	2컵
가루녹차	1큰술
바지락	150g
당근	1/6개
실파	3줄기
다진 마늘	1/2작은술
국간장	1큰술
소금	적당량

멸치다시마육수

국물용 멸치	5마리
다시마 5cm 길이	1조각
물	4컵

1 통밀가루에 가루녹차, 소금을 넣고 물을 부어 쫄깃거리는 반죽을 해 비닐봉지에 담고 냉장고에 30분 정도 넣어 두었다가 꺼내어 다시 여러 번 치대어 준다. 이렇게 하면 끈기가 더해져 수제비의 반죽이 한결 더 쫄깃거린다.

2 바지락은 옅은 소금물에 담가 신문지를 덮어 해감시킨 뒤 비벼 씻어 건진다. 신문지를 덮는 이유는 바지락이 살던 곳처럼 어두운 환경을 만들어 속의 이물질을 밖으로 내뿜게 하기 위함이다.

3 당근은 곱게 채 썰고 실파는 3센티미터 길이로 썬다.

4 국물용 멸치는 내장만 제거한다. 냄비에 국물용 멸치를 넣고 달달 볶아 비린 맛을 없앤 뒤 물 4컵과 다시마를 넣어 중간 불에서 10분 정도 끓인 다음 체로 건더기를 건진다.

5 멸치 국물이 끓을 때 바지락과 수제비 반죽을 얇게 떼어 넣고 끓이다가 당근, 실파, 다진 마늘을 넣는다. 수제비가 익어 떠오르면 국간장과 소금을 넣어 간을 한다.

🍃 녹차잎을 이용할 때는

녹차가루 대신 우린 녹차잎을 넣고 반죽해도 되는데 찻잎에서 은은한 향도 나고 오돌오돌 씹히는 맛이 특별하다. 우린 녹차잎은 나물로 무쳐 밥반찬으로 이용하기도 하는데 다진 파, 깨소금, 참기름, 국간장을 넣어 조물조물 무치면 맛있는 녹차나물을 맛볼 수 있다. 녹차는 잎을 그대로 먹거나 녹차가루로 섭취하면 물에 녹지 않는 비타민A, E, 단백질 등을 모두 흡수할 수 있으므로 녹차밥이나 녹차물로 만든 반찬 등 다양한 조리법으로 즐기도록 하자.

재료(2인분)
불린 미역 ·················· 100g
오징어 ·················· 1/2마리
셀러리 ·················· 1/2줄기

무침 양념
간장 ·················· 1큰술
올리고당 ·················· 1큰술
식초 ·················· 1/2큰술
다진 마늘 ·················· 1/2작은술
통깨 ·················· 조금

1. 미역은 물에 불린 뒤 두어 번 가볍게 주물러 씻어 물기를 짠다.
   불린 미역은 4센티미터 폭으로 썬다.
2. 셀러리는 겉의 얇은 막을 벗기고 4센티미터 길이로 곱게 채 썬다.
3. 오징어는 반으로 가른 후 내장을 빼 낸 다음 등껍질을 벗긴다.
   오징어 다리도 껍질을 벗긴다.
4. 오징어 안쪽에 사선으로 잔 칼집을 넣은 후 끓는 물에 넣어 통째로 데친다.
   오징어가 익어 돌돌 말리면 꺼내어 동글게 저며 썬다.
5. 간장, 올리고당, 식초, 다진 마늘, 통깨를 섞은 후
   미역, 데친 오징어, 셀러리를 넣어 무친다.

기호에 따라
미역오징어무침을 기호에 따라 초고추장 양념이나 새콤달콤한 단촛물로 무쳐도 맛있다.
마른 미역을 쓸 경우 물에 불려 쓰면 되고 생미역일 경우 끓는 물에 데친 뒤 찬물에 헹구어 쓰면 된다.
염장 미역일 경우 소금기를 씻어 낸 다음 옅은 소금물에 담가 미역의 짠맛을 조금 우려 내야 짠맛의 정도가 알맞다.

미역오징어무침

미역은 해조류의 일등식품으로 칼슘이 풍부한 알칼리성 식품이다.
미역 속의 요오드는 신진대사를 활발하게 해 주며 미역의 끈끈한 성분은 식이성섬유로
변비예방, 다이어트, 비만예방에 도움이 된다. 새콤한 미역무침은 건강에도 좋지만 입맛을 돋워 주고
칼로리가 낮아 다이어트식으로도 좋다.

마늘가지볶음

건강 식재료인 마늘과 가지를 올리브오일에 볶아 깔끔하고 담백한 맛을 냈다.
마늘은 항산화 효과로 노화와 암 예방에 효과적이다.
마늘은 매운맛이 강해 위가 약한 사람은 생으로 먹으면 속쓰림 현상이 생길 수 있고 많은 양을 먹기 어렵다.
마늘을 익히거나 장아찌로 담가 먹으면 섭취량을 늘릴 수 있다.

재료(2인분)

마늘	10개
가지	1/2개
미니 토마토	5개
파슬리	조금
포도씨오일	적당량
소금	적당량
흰후춧가루	조금

1 마늘은 꼭지를 떼고 도톰하게 저며 썰고 가지는 5밀리미터 두께로 저며 썬다.
2 미니토마토는 소금 간한 끓는 물에 넣어 살짝 데친 후 찬물에 헹구어 껍질을 벗긴다.
3 파슬리는 잎만 잘라 곱게 다진다. 다진 파슬리는 키친타올로 푸른 물을 짜내고 포슬한 상태로 만든다.
4 기름을 두른 팬에 마늘을 넣어 굽는다. 마늘이 노릇하게 구워지면 가지와 미니토마토를 넣어 볶는다.
5 4에 소금, 흰후춧가루, 파슬리 다진 것을 뿌려 볶아 낸다.

베지터블 파스타

마늘가지볶음에 파스타 삶은 것을 더해서 함께 볶아 푸짐한 베지터블 파스타를 만들어도 별미다.
요리할 때 새우, 조개, 오징어 등의 해산물 한 가지만 더해지면 영양적으로 균형잡힌 한 끼 식사로 손색이 없다.
다만 해산물에는 잡냄새가 나므로 손질한 해산물을 레몬즙이나 청주를 넣어 끓는 물에 살짝 데친 뒤
파스타와 함께 볶아 주면 깔끔한 맛의 파스타를 완성할 수 있다.

재료(2인분)
- 배추김치 200g
- 청포묵 1/2모
- 미나리 4줄기
- 달걀 1개
- 참기름 1큰술
- 소금 조금
- 통깨 조금
- 포도씨오일 적당량

김치양념
- 통깨 1작은술
- 참기름 1큰술
- 배즙 1큰술

1 배추김치는 국물을 짜내고 굵직하게 다져 통깨, 참기름으로 무친다.
2 청포묵은 가늘게 채 썰고 미나리는 여린 줄기로 준비해 잎을 잘라내고 4센티미터 길이로 썬다.
3 소금 간을 한 달걀을 체에 내려 알끈을 제거한 뒤 기름을 조금 두른 팬에서 얇은 지단을 부친다. 달걀지단은 4센티미터 길이로 가늘게 채 썬다.
4 청포묵채, 미나리, 달걀지단채를 한군데 담고 소금, 참기름, 통깨를 넣어 무친다.
5 청포묵무침 위에 김치무침을 얹는다.

🥣 푸짐하게 먹고 싶다면
청포묵뿐만 아니라 도토리묵, 검은깨묵, 올방개묵 등 다양한 묵들을 준비해 김치와 버무려도 그 맛이 잘 어울린다. 묵무침을 좀 더 푸짐하게 먹고 싶다면 새송이버섯 또는 생표고버섯을 채 썰어 갖은 양념으로 버무린 뒤 볶아서 묵에 곁들여 함께 먹는다.

김치청포묵무침

새콤한 김치를 고소하게 양념한 후 청포묵과 미나리, 달걀지단을 고루 무쳐서 함께 버무려 먹는 간단 요리이다.
유산균이 풍부한 김치는 약간 새콤하게 익었을 때 비타민C가 가장 많고 맛도 좋다.
김치는 각종 효소와 섬유질이 풍부해 장을 편안하게 해 주고 식욕을 돋우며 피로회복에도 효과가 있다.

마늘닭살찜

통마늘과 닭가슴살에 발효양념인 고추장을 얹어 만든 별미 요리이다.
마늘은 강장, 살균, 이뇨효과가 있고 소화를 돕는 역할을 한다.
단백질, 당질, 지질, 무기질, 비타민B_1, B_2, C 등의 영양소를 함유하며
마늘의 매운맛인 알리신 성분은 신경안정에도 도움을 준다.

재료(2인분)

마늘	12개
닭가슴살	1조각
양파	1/6개
대파	1/2줄기
생강즙	1큰술
다시마국물	1컵

찜양념

고추장	2큰술
매실청	1큰술
참기름	1/2큰술

1. 마늘은 꼭지를 자르고 대파는 동글게 저며 썬다. 양파는 마늘만 한 크기로 썬다.
2. 닭가슴살은 마늘만 하게 썰어 생강즙으로 밑양념한다.
3. 냄비에 마늘과 밑양념한 닭살, 양파를 담고 찜양념을 얹은 후 다시마국물을 부어 끓인다.
4. 찜 국물을 중간에 끼얹어 가며 익히고 마지막에 파를 넣고 국물이 자작하게 남으면 그릇에 담는다.

🥢 마늘을 생으로 잘 먹으려면

마늘장아찌를 담글 때 식초를 탄 새콤한 물에 3일~1주일간 담가 삭힌 후에
간장물을 붓고 장아찌를 담그는데 이렇게 하면 매운맛과 아린맛이 없어지고
아삭한 맛이 강해져 생으로 먹기에도 수월하다.

재료(2인용)
모둠해초(초절임용) ········ 100g
숙주 ································ 50g
날치알 ···························· 1/2컵
레몬 껍질 ························ 적당량
포도씨오일 ······················ 적당량

레몬간장
| 간장 ···························· 1/2큰술
| 레몬즙 ·························· 1큰술
| 다진 마늘 ····················· 1/3작은술
| 송송 썬 실파 ················· 1큰술
| 레몬껍질 채 ··················· 1작은술
| 소금 ···························· 조금

1 모둠해초는 시판용으로 준비해 체에 받쳐 국물을 뺀다.
2 숙주는 머리와 꼬리를 떼고 날치알은 레몬즙을 탄 물에 헹구어 고운 망에 건져 둔다.
3 깨끗하게 씻은 레몬 껍질의 노란 부분만 저며 내어 곱게 채 썬다.
4 기름을 조금 두른 팬에 숙주를 넣고 센 불에서 재빨리 볶는다.
5 해초, 숙주, 날치알을 담고 레몬간장을 넣어 가볍게 무치고 채 썬 레몬 껍질을 위에 올려 낸다.

까다로운 재료들의 손질법

모둠해초는 해초 3~4종류를 모아 살짝 데친 것을 새콤달콤한 소스로 초절임한 것이다.
해조류는 물에 가볍게 씻어 소금기를 씻은 뒤 끓는 물에 넣어 살짝 데치고 찬물에 헹구어 물기를 뺀다.
레몬은 유기농 레몬이라도 수입하는 동안 몸에 좋지 않은 약품을 뿌릴 수 있으므로 특히 잘 씻어야 한다.
물 3컵에 소다 1작은술을 타고 레몬을 30분 정도 담가 두었다가 흐르는 물에 껍질째 세 번 씻는다.
그러면 잘 씻기지 않는 노폐물도 많이 빠져 나간다. 껍질째 먹는 과일이나 채소도 이 방법으로 씻으면 안전하다.
농약은 보통 흐르는 물에 세 번 정도 씻으면 씻겨 나가기 때문인데 이 방법도 못미덥다면 레몬 대신 생강을 써 보자.
생강을 곱게 채 썰어 무쳐도 맛이 잘 어울린다.

해초날치알무침

바다의 채소인 해초와 날치알을 새콤한 레몬간장소스로 무쳐 식욕을 돋워 준다. 해초는 미역줄기, 톳, 다시마, 꼬시래기와 같은 과로 비타민과 무기질, 단백질이 풍부하고 노화예방, 변비예방에 효과가 있다. 저열량 식품으로 많은 양을 먹어도 살이 찌지 않아 다이어트에도 효과적이다.

| 한살림과 함께하는 살림이야기

새콤하게 입맛 당기는 장아찌

고구려부터 이어온 발효음식 장아찌

넉넉하고 풍요로운 금수강산이 품어주었기에 우리나라는 발효음식이 발전할 수 있었습니다. 우리나라 발효음식은 주로 신선한 채소에 산야초나 열매들의 발효액을 양념으로 사용하여 간단한 요리들을 만드는 것이지만 때로는 제철 채소를 저장하기 위해서 절임으로 만들기도 합니다.

  우리나라에서는 고구려 시절부터 발효음식을 만들어 먹었다는 걸 벽화의 그림으로도 알 수 있습니다. 고구려부터 통일신라를 지나 조선 초기까지는 간장이나 초, 소금에 절이는 게 주였고 간간이 겨자나 산초 같은 향신 재료를 첨가해 주는 걸로 풍미를 높였다고 합니다. 소금절이와 술지게미 향신료를 섞어서 채소를 발효시킨 것을 '염장채'라 하고 채소를 데친 후에 소금 누룩 곡물 향신료를 넣어 발효시킨 안동김치 같은걸 '자채'라고 하며 가늘게 썬 채소를 초나 장에 절인 게 '제채', 오늘날 우리 밥상에 빠짐없이 오르는 김치 종류를 '침채'라고 했다고 합니다. 요즘은 이 음식들을 김치 또는 짠지, 장아찌라고 부르죠.

  장과 초를 사용해서 담근 장아찌는 서양의 피클을 좋아하는 젊은이들이 좋아할 수 있는 반찬인데 심심하게 담그면 어른 아이 모두 좋아하는 밑반찬이 됩니다. 이런 음식을 만들면서 사진으로 본 고구려 벽화의 장 담그는 장면이 떠오를 땐 시간을 넘어 오래된 미래로 돌아간 듯 즐거움에 젖을 때도 있습니다.

새송이와 표고 장아찌

새송이, 표고 외에도 싸리버섯, 양송이, 자연송이 등으로도 만들고 봄에는 죽순으로도 만들 수 있습니다. 햇볕에 살짝 말려서 장아찌를 만들면 쫄깃쫄깃하게 씹히는 맛이 고기 장조림은 저리 가랄 만큼 맛있고요. 버섯엔 수분 함양이 많으므로 생으로 요리하면 미끈거려 그런 식감을 싫어하는 사람이 있는데 살짝 말려서 수분을 날려주면 대부분 좋아합니다. 항암성분이 많으며, 무기질, 비타민 함양이 많은 버섯은 고기 대신 밥상을 풍요롭게 해 줍니다.

1. 새송이는 깨끗이 씻어서 4~5쪽으로 쪼갠다.
2. 표고버섯은 기둥은 가늘게 손으로 찢고 몸통은 5밀리미터 정도로 굵게 썬다.
3. 준비한 버섯을 채반에 널어서 바람 불고 햇볕 잘 드는 곳에서 한나절 동안 말린다(아침에 널면 저녁까지/ 오후에 널면 다음날 아침까지).
4. 버섯이 꾸덕하게 마르면 준비한 집간장에 물과 조청을 넣고 끓으면 준비한 버섯을 넣고 3분정도 졸인 다음 불을 끄고 식힌다.
5. 다음날 버섯을 채에 밭치고 간장 물을 따라 내어서 다시 한 번 끓인 다음 식혀서 버섯에 부어 저장해두고 필요할 때 꺼내 먹는다.

재료
- 새송이 버섯 ········· 5개
- 표고버섯 ·········· 15개
- 구기자 ··········· 한줌
- 집 간장(조선간장) ··· 1/2컵
- (간장이 짤 땐 1/3컵)
- 조청 ··········· 3~4큰술
- 물 ············· 3컵

재료
배추 ············· 1포기
오이 ············· 4개
연근 ············· 1개
가지 ············· 1개
우엉 ············· 2개
풋고추 ············· 19개
파프리카 색깔별로 ············· 2개씩
굵은 소금 ············· 1/2컵
집간장 ············· 3컵
식초 ············· 3컵
설탕이나 원당 ············· 3컵
(조청도 가능)

장김치

장김치는 어릴 적 장에 삭힌 가지로 지를 담가 먹던 젊은 시절의 엄마 모습이 생각나 가지로 지를 만들려고 하다가 아이디어를 얻은 것입니다. '배추를 곁들여서 장김치를 담가도 맛있겠네, 칼슘과 무기질이 많은 연근과 우엉으로도 지를 담가도 되지 않을까, 색이 고운 파프리카는 어떨까'라는 생각으로 제철에 나는 채소를 이용해 봤습니다. 이렇게 저장해 둔 장김치는 묵은지처럼 지짐이도 만들고 김밥 속에 재료로도 쓰고, 장국물로 비빔국수도 만들 수 있고, 양념 소스로 사용하기에도 좋으니 일석 몇 조라는 말이 딱 어울립니다.

1 배추는 4등분으로 쪼개어서 소금을 뿌리고 서너 시간 절였다가 씻어 건진다.
2 오이 가지 우엉은 간이 밸 정도로 껍질에 얇은 칼금을 넣어 둔다.
3 고추는 과일포크로 구멍을 내고 파프리카는 반으로 쪼개고 연근은 그대로 준비한다.
4 집간장과 식초 원당을 부어 끓으면 준비한 재료에 뜨거울 때 붓는다.
5 하루나 이틀 후에 재료를 건지고 장물을 다시 한 번 끓여서 식힌 다음 재료에 다시 부어서 저장해 두고 먹는다.

된장 간장에 박아서 저장하는 장아찌 류로 저장하는 재료 중에 물기가 많은 채소류는 버섯처럼 살짝 말려서 수분 함량을 줄인 다음에 장에 박아 벌레가 생기지 않고 맛도 좋습니다. 수박껍질이나 참외 등도 활용할 수 있고 가지나 연근, 우엉이 의외로 맛있습니다. 몸에도 좋고요.

장김치의 시원한 국물을 소면에 부어 야채와 함께 버무려 먹으면 새콤달콤한 비빔국수에 그만입니다.

각종 요리 후에 남은 채소를 가지고 위와 같은 방법으로 절임을 해놓아도 훌륭한 밑반찬이 됩니다.

재료
- 주먹만 한 비트 ·················· 2개
- 풋고추 ······························· 10개
- 식초 ································· 1컵
- 물 ···································· 3컵
- 구운 소금 ························· 3큰술
- 유기농설탕이나 원당(조청) ··· 1컵

비트와 고추절임

비트에는 무, 구기자에 많이 있다는 베타인 함량이 높으며 이 베타인 성분은 간 해독 작용과 세포 복제기능이 있다고 합니다. 삶은 비트를 한 개 먹고 난 다음날에 화장실에서 비트가 내장을 씻어 내린 듯 놀랄 만큼 붉은 변을 보게 되는데 몸 안이 깨끗이 씻긴 듯한 느낌이 들어서 저는 평소 삶은 비트를 즐겨 먹는데요, 식초와 간장에 절여서 장아찌로 먹으면 입맛을 돋우는 데 좋습니다.

1. 비트를 깨끗이 씻어서 길이5cm의 새끼손가락 굵기로 썬다. 고추는 3~4등분 한다.
2. 물에 식초 설탕 소금 을 붓고 끓여서 뜨거울 때 준비한 재료에 붓고 식힌 다음 하루 이틀 지난 뒤에 재료는 소쿠리에 밭이고 식초물을 따라 내어 끓인 후 식혀서 재료에 다시 붓는다.
3. 김치 냉장고에 보관하여 두고 필요할 때 꺼내 먹는다.

글을 쓴 **문성희** 님은 이십여 년 동안 요리학원 원장으로 지내며 각종 매체의 주목을 받는 유명 요리가였지만 가장 훌륭한 요리는 재료가 가진 본래의 생명력과 색깔과 모양을 망뜨리지 않는 것이라는 생각으로 요리학원을 그만두었습니다. 현재는 『문성희의 자연식 밥상』을 통해 많은 이들에게 행복한 밥상을 선사하고 있으며 자연 요리책 『평화가 깃든 밥상』을 냈습니다.

| 이 글은 『살림이야기』 06호에서 만날 수 있습니다. 『살림이야기』는 사람과 사람, 사람과 자연이 조화로운 생명세상을 꿈꾸며 봄·여름·가을·겨울마다 내는 생활문화지(www.salimstory.net)입니다.

사진 제공 : 한살림

CHAPTER 03
스트레스를 해소하는 활력충전 음식

스트레스를 받지 않고 사는 것은 불가능하다.
다만 스트레스에 어떻게 대응하고 해소할 것인가가 해결의 열쇠다.
자주 섭취하는 음식을 통해 스트레스를 해소할 수만 있다면 더 없이 즐거운 일.
스트레스 해소에 좋은 식품들을 눈여겨 보자.

토란대감자볶음

주로 나물로 볶아먹거나 육개장 등에 넣어 먹는 토란대는
특유의 아린맛과 뻣뻣함이 있는데 쌀뜨물에 20분 정도 담가 두거나 끓는 물에 데쳐 이용하면 괜찮다.
체질에 따라 토란대를 만지고 나면 손등이 가려운 경우가 있는데
이는 토란대가 가지고 있는 약간의 독 성분 탓으로 끓는 물에 데치면 문제가 되지 않는다.

재료(2인분)
토란대 ················· 100g
감자 ···················· 1개
붉은 고추 ··············· 1개
쌀뜨물 ·················· 5컵
소금 ················ 1/2큰술
참기름 ············· 1/2큰술
포도씨오일 ············ 적당량

토란대 양념
국간장 ················ 1큰술
다진 마늘 ·········· 1/2작은술
깨소금 ············· 1/2큰술
참기름 ················ 1큰술

1 토란대는 삶은 것으로 준비해 쌀뜨물에 20분 정도 담가 둔다.
2 1의 토란대를 건져 물기를 짜고 6센티미터 길이로 썬 뒤 국간장, 다진 마늘, 깨소금, 참기름으로 무친다.
3 감자는 껍질을 벗긴 뒤 굵게 채 썰고 붉은 고추는 반을 갈라 씨를 제거한 뒤 3센티미터 길이로 채 썬다.
4 팬에 기름을 조금 두르고 양념한 토란대와 감자를 넣어 달달 볶다가 물 3큰술을 붓고 뚜껑을 덮어 익힌다.
5 감자가 익으면 붉은 고추를 넣고 소금, 참기름을 조금 넣어 부족한 간을 맞춘다.

지방 섭취는 줄이고 맛은 깊게 하고
나물을 볶을 때 기름을 조금 넣고 물을 보충하여 조리하면 기름의 섭취를 줄일 수 있다.
토란대 나물은 소금보다는 국간장으로 밑간을 해서 무쳐야 깊은 맛이 나고 나물 특유의 향을 느낄 수 있다.

피망건새우볶음

피망은 채소 중에서도 칼슘과 철분, 비타민D가 풍부하여 혈액의 흐름을 좋게 해 주는 역할을 한다.
피망과 파프리카는 같은 과에 속하며 노란색, 빨간색, 주황색, 초록색 네 가지가 있는데
노란색과 빨간색 파프리카는 피망보다 수분도 많고 단맛이 더 강하다.

재료

청피망	1개
노랑 피망	1/2개
꽃새우	1/3컵
간장	1큰술
참기름	1/2큰술
다진 마늘	1/2작은술
통깨	조금
포도씨오일	적당량

1 청피망과 노랑 피망은 씨와 하얀 속살을 제거한 뒤 2센티미터 폭, 3센티미터 길이로 썬다.
2 꽃새우는 체에 담아 흐르는 물에 헹구어 불순물을 없앤다.
3 기름을 두른 팬에 꽃새우를 넣고 약한 불로 볶아 덜어 놓는다. 꽃새우의 비린 맛은 볶을수록 없어진다.
4 팬에 다시 기름을 두르고 청피망과 노랑 피망을 넣어 볶다가 꽃새우 볶은 것을 넣고 간장, 다진 마늘, 통깨, 참기름을 넣어 센 불에서 재빨리 볶아 낸다.

꽃새우 대신 닭가슴살

부재료인 꽃새우 대신 닭가슴살을 이용해서 피망볶음을 만들어도 맛있다.
닭가슴살을 채 썰어 생강즙, 청주, 후춧가루에 재어 놓았다가 먼저 볶아 익힌 뒤 나중에 피망을 넣고 양념하여 볶는다.
닭가슴살은 고단백, 저지방으로 건강한 다이어트 식품이라 할 수 있다.

당근소스 그린샐러드

당근은 채소 중 베타카로틴이 가장 많이 들어 있는데 항산화작용을 해 암예방과 노화방지에 효과적이다.
당근은 생으로 먹어도 맛이 있지만 식초를 첨가해 먹거나 기름에 익혀 먹으면
지니고 있는 영양분을 최대한 섭취할 수 있다.

재료(2인분)
양상추 ···································· 3장
토마토 ···································· 1개
웻지치즈 ································· 3조각
그린비타민 ···························· 1/2컵

당근소스
당근 간 것 ···························· 4큰술
올리브오일 ···························· 2큰술
식초 ·· 1큰술
올리고당 ································ 1큰술
소금 ·· 조금

1 양상추는 물에 씻어 한 입에 먹기 좋게 자른다.
  그린비타민은 물에 씻어 한 잎씩 떼어 둔다.
2 토마토는 꼭지를 자르고 2등분하여 도톰하게 저며 썬다.
3 웻지치즈는 2~3번 저며 썬다.
4 당근을 강판에 갈아 식초, 올리고당, 소금과 섞고
  올리브오일을 조금씩 2~3번에 나누어 넣으면서 소스를 섞는다.
5 준비한 채소와 치즈, 토마토를 담고 당근소스를 뿌려 낸다.

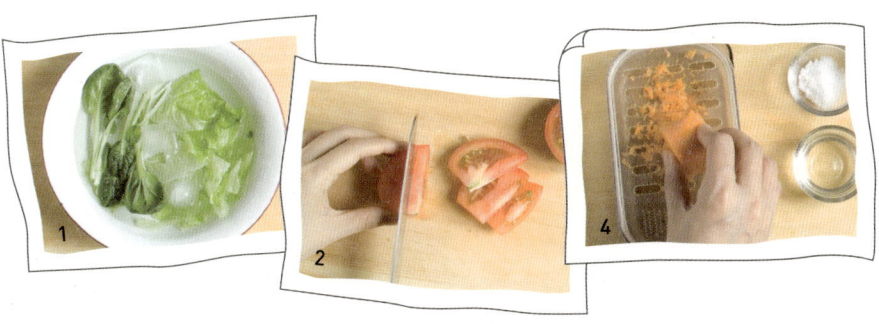

🍴 당근의 영양분 모두 섭취하기

당근의 영양분을 최대한 섭취하려면 기름을 넣고 볶는 조리법을 이용하는데 당근채와 감자채를 함께 볶아 밥반찬으로 이용해도 좋지만 당근채와 양배추채, 건포도, 견과류 등을 넣고 볶아 낸 뒤 샐러드 드레싱을 뿌려 따뜻한 당근 샐러드로도 즐기는 것도 좋다. 당근 고유의 맛이 기름과 만나 더욱 달콤한 맛을 느낄 수 있다.

재료
대추 ······················· 8개
밤 ························· 5개
사과 ······················ 1/2개
레몬즙 ···················· 1큰술

겨자소스
연겨자 ···················· 1작은술
매실청 ····················· 1큰술
식초 ······················· 1큰술
소금 ······················· 조금

1 대추는 물에 씻어 주름 속의 불순물을 제거한다. 대추는 돌려 깎아 돌돌 만 뒤 꽃모양으로 저며 썬다.
2 밤은 겉껍질과 속껍질을 말끔하게 벗겨 낸 뒤 도톰하게 저며 썬다. 밤은 소금물에 잠시 담가 갈변을 막는다.
3 사과는 껍질을 벗기고 굵게 채 썰어 레몬즙을 뿌려 놓는다.
4 대추, 밤 저민 것, 사과채를 섞어 담고 겨자소스를 뿌려 낸다.

단감과도 잘 어울리는 대추, 대추소스

사과 대신 배 또는 단감을 이용해도 대추, 밤과 맛이 잘 어울린다.
대추는 그대로 썰어 넣어도 좋지만 살만 발라 분쇄기에 넣고 곱게 갈아 소스에 넣으면 대추페이스트 소스가 되므로 대추의 질감 때문에 먹지 않는 이들은 이 소스를 이용하도록 하자.

대추사과냉채

대추 살을 도려내어 돌돌 말아 썰고 밤 저민 것과 사과 썬 것을 섞어 새콤달콤하게 만든 애피타이저이다.
대추는 비타민C가 풍부하고 장을 건강하게 해 변비에 좋다.
정신안정을 돕는 성분도 있어 차로 끓여 마시면 불면증, 심리안정에 효과가 있다.

수삼닭살초무침

쌉싸름한 수삼을 채소와 함께 매콤하게 무친 겉절이로 입맛을 돋워 주고 기운을 돋워 준다.
수삼은 피로를 예방하고 강장제, 원기회복, 노화예방에 좋은 식품으로 생으로 먹거나 국물에 넣어 탕으로 먹는 방법, 갈아서 주스로 먹는 등 먹는 방법이 다양하다.

재료(2인분)

수삼	2뿌리
닭가슴살	1쪽
오이	1/3개
당근	1/6개
대파	1/2줄기
생강	1/2조각
청주	1큰술

무침양념

고추장	2큰술
매실청	1큰술
식초	1큰술
고운 고춧가루	1작은술
다진 마늘	1/2작은술
통깨	1/3작은술

1 수삼은 잔뿌리를 깨끗하게 씻은 후 6센티미터 길이로 굵직하게 채 썬다.
2 닭가슴살은 청주를 뿌려 누린내를 없앤다.
3 찜통에 대파 조각을 깔고 닭가슴살을 얹고 저민 생강을 얹어 10분 정도 찐다. 닭가슴살이 식으면 결대로 찢는다.
4 오이와 당근은 4센티미터 길이로 채 썰어 수삼과 함께 얼음물에 담가 생생해지면 건진다.
5 준비한 재료들을 한데 담고 무침양념으로 버무린다.

🍴 새우나 달걀지단과도 잘 맞아요

수삼과 닭고기는 궁합이 잘 맞는 식품이다.
삼계탕뿐만 아니라 냉채 또는 무침, 찜으로 조리해 닭의 다양한 맛을 즐길 수 있다.
닭가슴살 대신 데친 새우나 달걀 지단을 사용해도 좋다.
이때는 고추장양념보다는 개운한 겨자소스나 잣소스, 깨즙소스 등이 더 잘 어울린다.

재료		참깨소스	
곤약	150g	참깨	3큰술
냉동게살	100g	식초	2큰술
생강즙	2큰술	간장	1/2큰술
		참기름	1/2큰술
		소금	조금

1 곤약은 굵직하게 채 썰어 생강즙을 넣은 끓는 물에서 데쳐 건진다.
2 게살은 냉장실에 두어 자연스레 해동시킨 뒤 체에 밭쳐 물기를 뺀 다음 결대로 굵게 찢고 생강즙을 넣어 잡맛을 없앤다.
3 믹서에 참깨, 식초, 간장, 참기름, 소금을 넣고 곱게 갈아 소스를 준비한다.
4 곤약, 게살을 합하고 참깨소스를 뿌려 버무린다.

깨는 갈아서

참깨, 검은깨, 들깨 등은 영양이 많은 재료지만 통째로 먹으면 소화흡수가 잘 되지 않는다.
따라서 영양분을 제대로 활용하려면 깨를 갈아서 섭취하는 것이 좋다.
특히 깨를 갈아 넣고 만든 죽이나 음료는 보양식으로도 으뜸이며 영양가가 높아 원기회복식으로도 매우 좋다.

참깨소스곤약무침

참깨는 단백질과 칼슘이 풍부하여 병후 회복에 도움이 되는 식품이다.
또한 입맛을 잃었을 때 식욕이 생기게 해 준다.
참깨를 볶아서 짠 기름이 참기름인데 식물성 지질로 동물성 지질에 비해 안전하다.
참기름에는 비타민E가 매우 풍부하고 세사미놀이 다량 들어 있어
피부를 윤기나게 해 주고 노화방지에도 도움이 된다.

참마실부추무침

알칼리성 식품인 마는 예로부터 정력식품으로 손꼽힌다.
몸이 허약한 사람에게 기운을 돋워 주며 단백질, 칼슘, 마그네슘, 칼륨 등의 영양분을 고루 가지고 있다.
마는 생으로 주스로 만들거나 생으로 무쳐 먹어도 소화가 잘 되고 특히 마를 갈아 먹으면
익혀 먹는 것보다 소화흡수율이 더 높다.

재료(2인분)
마 ···················· 1/2개
실부추 ················ 30g
비트 ··················· 50g
식초 ··················· 1큰술

간장소스
간장 ············ 1과 1/2큰술
식초 ················ 1/2큰술
생수 ················ 1/2큰술
송송 썬 실파 ········ 1작은술
다진 마늘 ········ 1/3작은술
참기름 ·············· 1/2큰술
통깨 ············· 1/3작은술

1 마는 껍질을 벗기고 식초 1큰술을 탄 물에 담가 갈변을 막는다.
2 실부추는 다듬어 4센티미터 길이로 썰고 비트는 껍질을 벗긴 뒤
  4센티미터 길이로 채 썰어 물에 담가 붉은 물을 우려낸 뒤 건진다.
3 마는 3밀리미터 두께로 도톰하게 저며 썬다.
4 마, 실부추, 비트채를 섞고 간장소스를 끼얹어 살살 버무린다.

마전으로 색다르게

마를 도톰하게 썰어 밀가루반죽이나 찹쌀가루를 묻혀 기름에 지지면 마전이 된다.
마전은 감자전과 비슷한 맛이 나는데 특히 아이들에게 먹이기 좋다.
허약하고 마른 체질의 아이라면 고소한 마전을 먹여 스태미너와 체력을 더욱 강하게 해 줄 수 있다.

찹쌀단호박전

찹쌀을 물에 씻어 충분히 불린 후 곱게 가루로 빻은 다음 찐 단호박을 으깨어 반죽한 뒤 동그랗게 빚어 전을 부친다. 비타민B_1, B_2가 많이 들어 있는 찹쌀은 일반 쌀에 비해 소화가 잘 되는 식품으로 위와 장을 튼튼하게 한다.

재료(2인분)
단호박 ·················· 1/4통
찹쌀가루 ················ 1컵
호박씨 ·················· 1큰술
뜨거운 물 ··············· 3큰술
소금 ···················· 조금
포도씨오일 ············· 적당량

1 찹쌀은 2~3번 씻은 후 넉넉한 물에 담가 3시간 정도 두어 충분히 불린다. 불린 찹쌀은 체에 건져 물기를 뺀 다음 방앗간에서 곱게 가루로 빻는다. 찹쌀가루는 소금 간하여 체에 한 번 내린다.
2 단호박은 씨를 긁어 내고 껍질째 김 오른 찜통에 넣어 15분 정도 찐 다음 노란 속만 긁어 내어 곱게 으깬다.
3 찹쌀가루에 으깬 단호박을 섞고 뜨거운 물과 소금을 조금 넣어 반죽을 치댄 다음 직경 3센티미터 크기로 동글납작하게 빚는다.
4 기름을 두른 팬에 빚은 것을 얹고 호박씨 고명을 얹어 노릇하게 부친다.

마른 찹쌀가루를 이용하려면
찹쌀가루는 젖은 것과 마른 것이 있는데 마른 찹쌀가루인 경우 마트에서 손쉽게 구입할 수 있다. 마른 찹쌀가루는 건조하고 녹말가루 입자와 비슷하며 뜨거운 물로 익반죽하여야 쫄깃한 전을 부칠 수 있다.

생강채해산물초회

새우, 주꾸미, 조개 등 다양한 해산물과 채소를 섞고 곱게 채친 생강채와 새콤한 소스를 얹어 만들었다.
생강 특유의 맛과 향은 위를 강하게 해 주고 식욕증진 효과가 있다.
또한 고기 요리에 넣으면 효소의 작용으로 잡맛을 없애고 육질을 부드럽게 해 준다.
생선요리에 곁들이면 살균작용은 물론 비린맛 감소 효과가 있고 식중독도 예방할 수 있다.

재료(2인분)
새우(중간 크기) ············ 8마리
주꾸미 ······················ 2마리
모시조개 ···················· 10개
양상추 ······················ 2장
생강 ························· 1쪽
식초 ························· 1큰술
소금 ························· 조금

생강초소스
식초 ························· 2큰술
올리고당 ····················· 1큰술
생강채 ······················· 1큰술
마늘즙 ······················· 1작은술
생수 ························· 1큰술
소금 ························· 조금

1 새우는 수염을 자르고 주꾸미는 머릿속의 내장을 제거한 뒤 소금을 뿌려 바락바락 주물러 씻는다.
2 모시조개는 옅은 소금물에 담가 신문지를 덮어 해감한 뒤 비벼 씻어 건진다.
3 끓는 물에 새우, 주꾸미, 모시조개를 넣고 저며 썬 생강 1쪽을 넣어 데친다. 해물이 익으면 건져 식힌다. 주꾸미는 작은 것은 그대로 먹고 큰 것은 먹기 좋은 크기로 썬다.
4 양상추는 큼직하게 먹기 좋은 크기로 뜯고 소스에 넣을 생강은 곱게 채 썰어 식초 1큰술을 부어 재운다.
5 양상추와 데친 해물을 담고 생강채를 넣은 소스를 부어 차게 해서 먹는다.

해산물을 깔끔하게 데치려면

새우, 조개, 주꾸미 등의 해물에는 해물 특유의 비릿한 냄새가 난다.
해물을 데칠 때 파, 생강 저민것, 레몬 조각, 월계수잎 등을 넣고 데치면 향신료 덕분에 잡맛이 없어진다.
특히 주꾸미는 다리의 흡반에 불순물이 많은데 소금을 뿌리고 바락바락 주물러 씻으면 말끔해진다.

재료(2인분)

표고버섯	6개
두부	80g
당근	30g
실파	2줄기
깨소금	약간
참기름	약간
다진 마늘	1/2작은술
녹말가루	2큰술
소금	약간

소스

간장	1큰술
다시마국물	1/2컵
청주	1작은술
녹말물	1큰술
참기름	1작은술

1. 표고버섯은 기둥을 자르고 오목한 기둥이 있던 자리에 녹말가루를 뿌린다.
2. 실파는 다듬어 씻어 송송 썬다.
3. 두부는 곱게 으깬 뒤 면보에 싸서 물기를 짜고 당근과 실파는 잘게 다진다. 두부 으깬 것에 당근과 실파 다진 것, 다진 마늘, 깨소금, 참기름, 소금으로 양념하여 섞는다.
4. 표고버섯 안쪽에 2의 두부반죽을 소복하게 채워 넣는다.
5. 냄비에 다시마국물, 간장, 청주를 넣고 속 채운 표고버섯을 넣어 양념국물을 끼얹어가며 찜한다.
6. 표고버섯이 익으면 국물에 녹말물을 풀어 걸쭉해지게 하고 참기름을 넣어 마무리한다. 녹말물은 물과 녹말가루를 같은 양을 섞어 만든다.

마른 표고버섯 불리기

생표고버섯 대신 마른 표고버섯을 불려서 써도 되는데 마른 표고버섯은
따뜻한 물에 설탕을 조금 넣고 불려야 표고버섯의 진한 맛이 물에 빠져 나오지 않는다.
표고버섯 속을 두부 대신 동태살이나 새우살, 닭가슴살을 잘게 다져 갖은 양념하여 채워도 맛있는 건강 요리가 된다.

표고두부속찜

기둥을 떼어낸 표고버섯에 갖은 양념한 으깬 두부를 소복하게 채운 뒤 소스를 얹어 쪄낸 것으로 밥반찬이나 청주 안주로도 잘 어울린다. 표고버섯은 감칠맛이 가장 많은 버섯으로 혈액의 콜레스테롤을 낮게 해 주어 고혈압이나 심장병에 좋다.
향이 풍부하고 영양도 많아 국물 요리에 넣으면 진한 맛을 낼 수 있다.

친환경생활수기공모전 수상작 | **한진(경기도 고양시 일산서구)**

짠순이가 친환경 주부가 될 수밖에 없는 이유

저는 결혼 10년차, 두 아이의 엄마입니다. 마음은 아직 아가씨 같은데 가끔 거울을 보면 "아~ 나 아줌마 맞구나." 하고 스스로 느끼게 되네요. 아줌마가 된다는 건 그만큼 책임질 일이 많아진다는 의미 같아요. 결혼 전에는 그저 직장 다니면서 저 하나 먹고 꾸미고 가끔 부모님 신경 쓰고……. 지금 생각해 보면 참 편한 생활이었어요. 결혼하고 나니 왜 그리 욕심이 생기던지. 남편은 가끔 "돈 독 들었다"라는 표현을 씁니다. 그렇지만 저는 그 소리가 칭찬이라고 생각해요. 돈 독이 들었다고 해서 제가 적금을 많이 넣는다거나 모아둔 돈이 많다거나 한 건 전혀 아니랍니다. 단지 저희 가족의 수입이 거의 최저치에 가까워서 자연스럽게 절약하다 보니 이제 습관으로 배어 버렸답니다. 그런데 이렇게 아끼면서 생활하다보니 자연스럽게 내 손으로 할 수 있는 가정 일을 찾게 되고 결국은 친환경생활을 하게 되는 계기가 되었습니다. 지금부터 저의 알뜰살뜰 아끼면서 환경도 살리는 방법을 자랑할게요.

1. 절전은 필수

사용하지 않는 플러그는 멀티차단기를 사용하거나 아예 뽑아 놓습니다. 또 에어컨은 아주 극심한 더위가 아니면 켜지 않습니다. 올 여름엔 딱 세 번 틀었습니다. 창문 활짝 열고 선풍기 틀어 놓고 아이가 덥다고 보채면 커다란 대야에 물 담아서 퐁당 넣어 놀게 하죠. 에어컨을 켤 경우에도 빈 방의 문은 모두 닫고 조금 답답해도 거실창에 커튼을 칩니다. 그러면 냉방 손실을 막고 시원한 공기가 훨씬 오래 갑니다. 저녁엔 가급적 거실에 모여서 함께 있고 텔레비전은 프로그램 통일해서 한 대만 시청하고 사람이 없는 빈 방을 나올 때는 반드시 형광등을 꺼둡니다. 냉장고의 경우 자주 먹는 반찬을 쟁반에 따로 정리해 놓고 꺼내면 냉장고 문을 오래 열거나 몇 번씩 여닫을 필요가 없어 절전에 아주 효과적이랍니다. 게다가 식탁과 냉장고 사이를 왔다 갔다 하지 않아도 되니 정말 편리해요. 반찬을 준비할 때도 필요한 재료를 미리 생각해서 한 번에 모두 꺼내 놓으면 역시 냉장고 전력 소비를 막을 수 있습니다.

요즘 가정과 사무실에 전기주전자 하나씩은 필수품인데 물을 끓일 때 필요한 물의 양, 예를 들어 커피를 두 잔을 타려면 컵으로 필요한 분량만큼의 물만 채워서 주전자에 붓고 끓입니다. 그러면 남는 물도 없고 시간도 적게 걸리고 전력 소비도 당연히 줄일 수 있습니다.

에어컨 플러그 뽑기

사용하지 않는 플러그 뽑기

쟁반에 매끼 먹는 반찬들만 따로 모아 놓기

필요한 양만 넣고 끓이기

2. 절수의 생활화

3. 자연공기 정화장치 웰빙식물 기르기

생각해 보면 물을 절약할 수 있는 방법은 참 많다.

절수 페달이 있는데 싱크대에 설치하면 발로 페달을 밟아야 물이 나옵니다. 발을 떼면 물이 멈추고요. 두 손으로 채소를 씻다 물을 끄거나 설겆이 하다 다른 것을 해야 할 때, 손에 양념이나 고춧가루가 잔뜩 묻어 물을 켰다 껐다하기 힘들 때 굉장히 편리하고 허투루 흐르는 물이 없어 상당히 절약이 됩니다.

그리고 아크릴 수세미를 사용하여 세제를 적게 쓰고 설거지 용기를 따로 마련해 설거지를 하면 물을 아낄 수 있어요. 물론 그릇을 헹굼하고 남은 물은 행주를 빨아 씽크대, 식탁 등을 닦고 깨끗한 물을 받아 다시 한 번 더 닦으면 깨끗합니다. 또한 씻고 남은 물은 버리지 말고 그릇이 나올 때 담가 두면 그릇에 묻은 밥풀 같은 게 불어서 설거지도 편해지지요.

아기들 목욕시킨 물은 그냥 버리지 말고 기저귀와 옷을 애벌빨래하면 세탁기 돌릴 때 세탁 시간과 헹굼시간을 줄 일 수 있습니다. 애벌빨래거리가 없을 경우엔 목욕탕 바닥청소에 사용하면 물이 절약됩니다. 목욕할 때는 욕조에 뜨거운 물을 3분의 1가량 받아 반신욕용 덮개를 덮고 대야에 퍼서 찬물을 섞어가며 쓰면 물도 식지 않고 온 가족이 한꺼번에 목욕을 하고 남은 물로 욕실, 변기 청소까지 끝낼 수 있네요.

시장에서 어린 식물과 사기 화분을 구입해서 열심히 키웁니다. 3,000~5,000원짜리 금전수, 산세베리아, 알로에 등을 1~2년만 키우면 집안 분위기도 시원하고 습도 조절까지 되는 멋진 공기청정기가 됩니다. 처음부터 큰 식물을 사려면 비싸기도 하고 작은 걸 크게 키우는 재미도 쏠쏠해요.

제가 말하는 웰빙식물은 에어콘 실외기에 스티로폼 박스 놓고 키우는 상추, 쑥갓, 치커리, 방울토마토랍니다. 1,000원짜리 씨를 사서 뿌려 주면 5~9월까지 무공해 채소를 충분히 먹을 수 있어요. 겨울엔 우유팩을 잘라 구멍을 내고 콩을 넣고 검은 비닐봉투를 씌워 콩나물을 키워 먹습니다. 요즘 마트에 가보면 친환경 채소와 무농약 콩나물은 조금만 사도 5,000원이 훌쩍 넘어가는데 이렇게 직접 키우면 믿을 수 있고 맛있으면서 돈까지 절약되지요.

4. 시장 갈 때 꼭 필요한 나의 애마 돌돌이~

저희 집은 다행히도 걸어서 10분 이내에 대형마트와 재래시장이 있습니다. 5일장도 제법 크게 서구요. 그래서 채소나 생선, 잡곡, 과일 등은 거의 5일장에 돌돌이 하나 끌고 다니면서 가격흥정도 하고 덤도 얻어오고 한

답니다. 물론 쌀이나 무게가 무거운 경우는 차량을 이용하지만 돌돌이를 끌고 다니면 쓸데없는 물건을 이것저것 사지 않게 되고 불필요한 자가용 운전을 하지 않아 기름값도 절약되지요. 또한 차에서 나오는 매연도 감소시킬 수 있을 거고 운동부족인 저의 팔다리를 아주 튼튼하게 해 주고 있는 데다가 쓸데없이 포장지를 많이 받아오지 않을 수 있어 좋습니다.

5. 일회용 기저귀와 물티슈 재활용하기

전 몸이 좀 고달프더라도 천 기저귀 사용을 고수하고 있습니다. 큰 아이 때 사용했던 천기저귀를 잘 보관했다가 지금은 둘째 아이까지 유용하게 잘 쓰고 있어요. 사실 일회용 기저귀 가격도 만만치 않거니와 2~3일이면 20리터 쓰레기봉투가 꽉꽉 채워져 환경적으로도 문제가 심하죠. 알면서도 일회용 기저귀의 유혹을 뿌리치기는 쉽지 않아요. 천기저귀 쓰는 분들은 세탁도 힘들고 응가가 옆으로 새는 바람에 못쓰겠다고 하시더라구요.

그래서 저는 기저귀 커버 대신 일회용 기저귀 안에 천기저귀를 채워요. 그러면 잘 새지도 않고 천 기저귀의 수분이 일회용으로 흡수되어 굉장히 편리해요. 물론 일회용 기저귀를 하나도 안 쓰면 좋겠지만 옆으로 새는 응가와 쉬 때문에 천 기저귀 사용을 포기하는 분들에게 강추입니다.

이 방법을 쓸 때 커버대용으로 쓰는 일회용 기저귀는 하루 한 장입니다. 저는 기저귀 한 팩을 사서 거의 한 달 반을 사용하고 있어요. 물론 천 기저귀를 빨아야 하는 수고스러움은 있지만 내 아이이 모두 뽀송뽀송 발진 없는 엉덩이로 크고 있고 쓰레기양도 확 줄고 기저귀 값도 아끼니 이보다 더 좋을 수 없겠지요?

그리고 또 하나의 팁! 물티슈 어떻게 사용하세요? 아예 안 쓰면 좋지만 아이가 있는 경우 외출 시엔 어쩔 수 없이 써야 하더군요. 하지만 저는 물티슈를 사용하고 그냥 버리지 않아요. 찢어지지도 않고 굉장히 잘 닦이기 때문에 빨아서 말려 놓으면 청소할 때 구석구석 사용할 수 있거든요. 먼지를 닦거나 찌든 때를 닦거나 창틀의 흙먼지나 싱크대 기름때를 제거하거나 구두나 신발장의 흙먼지를 떨어낼 때 아주 유용하지요. 두세 번은 충분히 빨아서 사용할 수 있으니 여러분도 한 번 해 보세요.

6. 밖으로 새는 에너지를 막기

요즘 아파트나 집들은 채광을 위해서 넓은 면을 유리창으로 시공하는데 아무리 이중창이라고 해도 열을 많이 빼앗기게 되지요. 단열재만 잘 써도 냉난방에서 새는 에너지도 막을 수 있다는 건 다 아실 거예요. 겨울엔 문풍지나 비닐을 덧대 새어 나가는 열을 막는 것도 알고 있으리라 생각합니다. 그런데 문제는 붙였다 떼기 귀찮아서 혹은 창문 여닫을 때 불편하거나 보기에 좋지 않다는 이유로 실천을 하기가 쉽지 않더라고요. 그래서 커튼을 강력히 추천합니다. 커튼은 가급적이면 창마다 달되, 창을 다 덮고 바닥까지 내려오는 길이가 좋습니다. 베란다 바깥창의 경우는 블라인드나 롤 스크린을 달아 둡니다.

이 외에 주부들이 에너지를 절약할 수 있는 방법은 여러 가지가 있습니다. 먼저 겨울철에는 청소하려고 창문을 열기 전에 반드시 난방 스위치를 끄거나 온도를 확 내려 주세요. 안 그러면 환기하고 청소하는 동안 난방기가 계속 돌아갑니다. 냉장고에는 비닐 막을 달아 놓습니다. 특히 여름에 바깥으로 새는 냉기를 효과적으로 잡을 수 있습니다.

저희 집은 아파트의 벽쪽 라인인데도 중간 라인인 옆집보다 난방비가 덜 나옵니다. 놀러가 보면 따뜻한 건 비슷하더군요. 저녁에 취침 전에 꼭 커튼을 닫고 약간 어수선한 감이 있더라도 바닥에 섬유재질의 매트나 이불을 깔아 두면 난방을 켜지 않아도 아늑합니다.

1회용 기저귀 안에 천 기저귀를 채워 사용해요

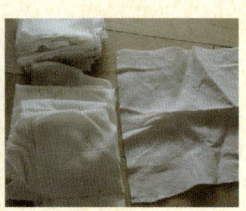

빨아서 말린 물티슈를 잘 접어서 보관해 두기

7. 환경을 생각한다면 세제부터 바꾸세요

쌀뜨물을 이용한 세제를 만들어 사용해 보세요. 쌀뜨물 버리지 말고 받아서 흑설탕이랑 소금을 약간 넣고(발효제 있으면 좋지만 없어도 상관 없어요) 3일 정도 발효시켜 가정에서 쓰는 세제와 1:1 비율로 섞어 쓰면 세제 찌꺼기도 남지 않고 거품도 나지 않으면서 세제 사용량이 효과적으로 줄어요. 탈취 효과와 미생물 분해 효과도 좋아서 냄새나는 걸레나 행주를 담가 놓았다 빨면 퀴퀴한 냄새가 하나도 나지 않는답니다. 사기그릇이나 컵의 찌든 얼룩도 살살 문지르면 싹 제거됩니다. 이렇게 만든 쌀뜨물 세제는 일반 세제보다 잔류율이 현저히 낮아 그릇을 대충 헹구어도 세제 찌꺼기가 남지 않아요. 얼마 전 아침 프로그램에서 실험하는 것을 확인했답니다.

저는 재활용으로 만든 물비누, 가루비누, 사각비누를 구매해서 사용합니다. 비누는 잘 만들 자신도 없었지만 잘못 만든 재활용 비누가 오히려 환경오염을 초래한다는 보도를 보고는 재활용 비누로 입소문 난 사이트에서 구해서 쓰고 있습니다. 환경보호뿐 아니라 때도 잘 가고 헹굼도 쉬워서 물도 같이 절약이 되더군요.

1. 쌀뜨물을 용기에 붓는다.

2. 소금을 조금 넣는다.

3. 흑설탕을 조금 넣는다.

4. 3일 정도 발효시킨다.

8. 집안을 살피면 친환경이 보입니다

저는 주변에 있는 물건을 최대한 활용하는데, 예를 들어 식소다는 찌든 때를 제거하거나 흰옷을 하얗게 할 때 쓰고 베이킹파우더와 식초는 과일을 씻을 때 활용합니다. 잔류 농약을 없애는 데 효과가 있다고 하더군요. 랩이나 호일은 거의 사용을 안 해요. 오븐 요리를 할 때도 호일 대신 반영구적인 테프론시트(물로 닦아서 다시 쓰는 시트랍니다)를 사용하고 있어요.

주방기구는 스텐인레스 제품이나 친환경제품으로 바꾸어 환경호르몬의 위험에서 벗어났고 용기도 플라스틱 용기 대신에 유리나 사기로 만든 용기를 쓰려고 노력하고 있어요. 이면지 사용 역시 기본이죠.

그리고 지퍼 팩으로 포장되어 있는 제품을 구입했을 때는 사용 후 버리지 않고 재활용하고 있어요. 아이 머리핀, 장난감, 퍼즐을 따로 보관하거나 쓰다 남은 야채나 과자를 보관하기에 좋아요. 화장품은 몇 가지 천연 재료를 구입해서 스킨과 로션을 직접 만들어 사용하고 있는데 서툰 솜씨지만 천연제품이라 만족하고 있습니다. 약국에서 딸려온 아이약병에 담아 사용하면 일반 화장품 용기 쓰레기까지 줄일 수 있어 더 좋더라고요.

장난감은 아이가 하루 종일 물고 빨고 만지는 거라 가장 신경이 쓰인답니다. 가급적이면 원목에 무독성 안전 도료를 사용한 제품, 옥수수전분을 주성분으로 하여 분해되는 장난감을 골라서 구입합니다. 크레파스의 경우 남는 조각을 그냥 버리지 않고 모아서 중탕으로 녹여 틀에 부어 굳히고 있어요. 그러면 다시 쓸 수 있는 멋진 크레파스가 되지요.

지퍼 팩 재활용

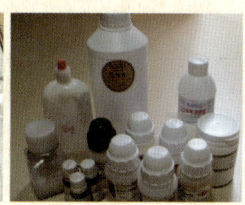
스킨,로션 직접 만들어 쓰기

9. 분리수거는 기본, 음식물 쓰레기도 가볍게~

작은 종잇조각, 뜯어낸 비닐포장지 한 귀퉁이도 모두 따로 분리수거합니다. 저희 식구들은 저의 잔소리 때문에 과자나 아이스크림 등 비닐류를 뜯고 나면 뜯은 꼬투리까지 모두 분리수거하고 있어요. 조금 지저분해 보여도 싱크대에 작은 통을 놓고 조각난 비닐이나 플라스틱만

모았다가 분리수거할 때 버립니다. 의외로 가정에서 많이 나오는 것들이고 별 생각 없이 쓰레기통에 버리는 경우가 많은데 사소하지만 꼭 해야 할 일 같아요. 베란다가 조금 지저분하긴 하지만 내 집 깨끗이 한다고 환경을 오염시킬 수는 없잖아요?

음식물은 탈수기가 있어 수분을 제거하고 탈수기 사용이 여의치 않으면 양파망에 넣어 수분을 제거합니다. 음식물 쓰레기통을 별도로 준비해 음식물 쓰레기를 처리하는 비닐봉투의 사용도 줄이고요. 튀김류 등 요리를 한

뒤에는 꼭 기름을 따로 모았다가 폐유수집통에 버립니다. 폐유를 그냥 싱크대에 버리면 안 되는 거 아시죠?
참! 집에서도 특수 폐기물이 나올 수 있다는 것도 알아야 한답니다. 아기나 식구들이 아프면 병원에서 처방된 약을 복용하죠? 그런데 그 약을 끝까지 먹지 않고 어느 정도 나았다 싶으면 안 먹는 경우가 있을 거예요. 이때 그 남은 약을 쓰레기통이나 개수대에 그냥 버리면 안 돼요. 의약품은 함부로 버리면 안 됩니다. 그래서 저는 일단 조제 받은 약은 다 먹는 편이고(항생제의 경우 먹다 말다 하면 오히려 몸속 바이러스나 세균이 일부 살아남아 내성이 강해지므로 한 번에 용량대로 먹어 세균이나 바이러스를 박멸하는 것이 옳은 방법이랍니다) 부득이하게 남은 경우는 약 봉투나 통에 잘 모았다가 약국에 갈 때 가져다 준답니다. 약국에서 따로 수거하여 전문적인 곳에서 모아 폐기하거든요.

10. 우리 집 먹을거리는 내 손으로 만들어요

국간장 하나면 못 만드는 음식이 없습니다. 저희 집은 미원이나 일반 조미료를 일체 쓰지 않고 국물멸치, 다시마, 건표고버섯과 양파, 당근, 생강 등 싱싱한 재료로 음식을 만들어요. 담백하고 깔끔한 음식 맛이 그대로 살아 있어 아이들 건강에도 좋습니다.

집에서 직접 매실액과 마늘, 오이, 양파, 고추, 마늘쫑 장아찌들을 만들어요.

제 손으로 담근 5년 묵은 국간장과 집된장

찰옥수수 알갱이를 말려서 직접 볶아 옥수수차를 만듭니다. 조금씩 볶아서 사용하니 변질 될 염려도 없거니와 조금만 넣고 끓여도 어찌나 구수하고 맑은지 일단 한 번 먹어보면 그냥 물은 못 먹겠더라고요.

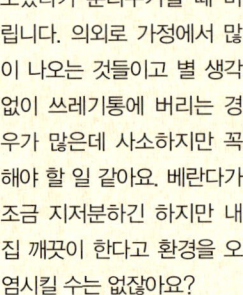

국산콩으로 요구르트 발효기를 이용해 조금씩 띄운 청국장과 직접 만든 밑반찬, 스티로폼 박스에서 따낸 채소들은 건강한 시골밥상이 됩니다.

비록 시중에서 파는 것보다 맛도 덜하고 모양은 없지만 손으로 직접 반죽(믹스 가루 쓰지 않음)하여 가족들에게 먹이고 있습니다.

아기 이유식을 만들 때 압력밥솥에 밥하면서 별도의 스텐 그릇에 담아 같이 얹으면 부드러운 아기 밥이 별도로 만들어져서 가스비도 아낄 수 있어요. 냄비를 살 때 열효율을 꼼꼼히 살피면 같은 양의 물을 끓이는데도 시간과 가스를 절약할 수 있고요. 집에서 믹서로 찹쌀을 갈아 쪄서 콩가루를 묻혀 직접 인절미를 만들기도 하고 때때로 강정도 만들고 가을엔 모과차와 생강차도 직접 만듭니다.

가끔은 이러는 제가 궁상맞은 것은 아닌지 눈치를 보게 되는데 그럴 때마다 "우리 아이들을 위해서~"라고 굳게 마음을 다잡곤 합니다. 친환경이라는 거 처음엔 신경쓸 거 많고 어려워 보이지만 사실은 아주 사소한 행동 하나로 할 수 있는 것들이 많습니다. 저는 제 자신이 친환경을 실천하는 주부가 되는 것도 중요하지만 주위에 저와 같은 주부들이 더 많아질 수 있도록 이야기해 주는 것이 중요하다고 생각합니다. 그래서 만나는 엄마들마다 쌀뜨물 세제니 물티슈 절약법 등을 이야기해 줍니다. 10명에 1명이라도 긍정적으로 받아들이고 동참하는 엄마가 있다면 성공 아니겠어요?

우리 주부님들, 농산물을 구입할 때는 농약을 쳤네, 안 쳤네~. 합성비료를 뿌렸네, 안 뿌렸네 하는 식으로 깐깐하잖아요. 그런데 시골에서 농사짓는 분이 저한테 그러시더라고요.

"아줌마, 이거 사가라면 사가겠어요?"

한눈에 보기에도 억세 보이고 군데군데 색이 바라고 벌레 먹은 채소들, 뒷면에 달팽이까지 붙어 있어 선뜻 손이 안 갔어요.

"이건 더 싼가요?"

"이게 아줌마들이 그렇게 찾는 무농약이요. 입으로는 유기농 찾고 눈으로는 때깔 좋은 거 고르고 있으니……."

그분 말씀에 따르면 농약 적게 쓰고 키워도 막상 시장에 나가면 주부들이 외면한다네요. 비싼 값을 치르고 믿을 만한 유기농산물을 사 먹는 것도 중요하지만 겉모양에 너무 치중하지 말아야 할 것 같아요. 벌레가 못 먹는다는 건 사람과 환경에도 나쁜 거잖아요. 물론 예쁘게 잘 재배한 유기농식품도 많지만 주부 입장에서는 주머니 생각도 안 할 수 없는거고요. 벌레 안 먹은 농산물을 고집할 게 아니라 벌레 먹고 모양이 찌그러져도 농약을 덜 치거나 안 친 농산물을 찾아 주는 것도 필요하다는 생각이 드네요.

저는 아이들에게 물려줄 가장 큰 유산은 깨끗하고 맑은 공기와 푸른 하늘, 그리고 맘껏 밟을 수 있는 생명력 있는 땅과 물이라고 생각합니다. 혹시 에너지 불변의 법칙을 아세요? 에너지는 없어지는 것이 아니라 다른 형태로 전환되는 것이라는 법칙이죠. 곧 순환을 의미해요. 사람도, 짐승도, 세균도, 바람도, 흙과 식물도, 물도 모두가 에너지로 움직이고 있잖아요. 인간이 바르게 쓴 에너지, 바르게 만든 에너지는 좋은 순환 구조로 다시 인간에게 혜택을 주지만 왜곡된 에너지의 생산과 소비는 결국 왜곡된 형태로 생명체를 죽이는 에너지로 변질된다고 생각합니다. 그런 의미에서 과연 우리가 만들고 소비하고 있는 에너지가 선(善)순환인지 악(惡)순환인지 생각하는 자세가 필요합니다.

친환경을 이해하고 실천하는 나의 작은 움직임이 선순환의 고리가 되어 우리 아들에게 커다란 선물이 되어 돌아온다면 몸은 조금 번거롭지만 적극적으로 행동해야 할 것 같습니다.

| 이 글은 「살림로하스」 시리즈 출간을 기념하여 살림출판사와 녹색연합, 한살림, 예장생협, 무공이네, 마이클럽이 공동으로 주최한 2009년 「친환경생활수기공모전」의 수상작입니다.

사진 제공 : 한살림

CHAPTER 04
피를 맑게 하는 면역력강화 음식

면역력이 약하면 감기, 알레르기 등 크고 작은 질병에 노출될 확률이 높다.
몸의 재생기능을 높이고 면역력을 향상시켜
자연치유력을 회복시키는 식품들로 건강을 되찾아 보자.

모시조개미나리탕

조개는 단백질이 풍부하고 필수 아미노산을 고루 함유하고 있다.
또한 지질의 함량이 적고 몸에 좋은 타우린을 많이 가지고 있다.
조개 중에서도 모시조개는 담백하고 깔끔한 맛을 내어 국물 요리에 넣으면 맛있다.
진하고 감칠맛나는 국물을 낸다.

재료(2인분)

모시조개	250g
무	100g
미나리	30g
붉은 고추	1개
마늘	1개
멸치액젓	1작은술
다시마(5cm 길이)	1장
소금	조금

1 모시조개는 옅은 소금물에 담가 신문지를 덮어 20분 정도 해감한 뒤 껍질을 비벼 씻어 불순물을 없앤다.
2 무는 나박나박하게 썰고 미나리는 잎을 자르고 4센티미터 길이로 썬다. 붉은 고추는 저며 썬다. 마늘은 채 썬다.
3 냄비에 물 2컵과 무와 다시마, 모시조개를 넣어 끓인다.
4 국물이 끓어 조개가 입을 열면 불을 줄인 뒤 마늘채, 붉은 고추, 멸치액젓을 넣어 간한 뒤 좀 더 끓인다.
5 마지막에 미나리를 넣고 불을 끈 뒤 그릇에 담는다.

국물 맛은 이렇게

조개탕 간을 맞출 때 멸치액젓 또는 까나리액젓, 참치액젓 등 액젓으로 간을 하면 국물의 맛이 더 깊고 풍부해진다. 깔끔한 맛을 원한다면 소금으로 한다. 미나리는 특유의 향긋함이 조개탕국물의 맛을 한층 돋워 주며 해물과 곁들여 먹으면 해독작용을 해 식중독을 예방해 주는 역할도 한다.

재료(2인분)

냉동참치 횟감	300g
실부추	50g
붉은 양파	1/6개
무	50g
소금	조금

머스터드소스

홀그레인머스터드	1큰술
올리브오일	1큰술
식초	2큰술
올리고당	1작은술
소금	조금

1 냉동참치 횟감은 짭짤한 소금물에 5분 정도 담가 두었다가 키친페이퍼에 싸서 냉장실에 넣어 마저 녹인 다음 도톰하게 저며 썬다.
2 실부추는 물에 씻어 4센티미터 길이로 썰고 붉은 양파는 가늘게 채 썰고 무는 4센티미터 길이로 가늘게 채 썬다.
3 2의 채 썬 채소들을 찬물에 담가 생생해지면 건져 물기를 뺀다.
4 접시에 참치 횟감을 담고 옆에 준비한 3의 채소를 담는다.
5 머스터드소스를 잘 섞은 후 4에 뿌려 낸다.

참치횟감 이용할 때

참치횟감을 소금물에서 해동시키면 살균작용은 물론 참치 고유의 맛이 물에 빠져나가는 것을 막는다.
참치를 생으로 먹을 때에는 참기름에 찍어 먹거나 생강절임 또는 생강채 등을 곁들여 먹어야 독 성분이 해소된다.
어패류는 먹고 싶은데 독성이 걱정된다면 독성이 몸에 쌓이지 않고 밖으로 배출될 수 있도록 도와주는 식품들을 자주 섭취하는 것도 방법이다. 녹차, 된장, 미역, 전복, 마늘, 김치 등이 그러하다.

부추참치회냉채

고소하고 담백한 참치회에 부추와 채 썬 채소를 곁들여 얹어먹는 고급 음식.
부추는 채소 중의 보약이란 말이 있을 정도로 영양 많고 몸에 좋은 성분이 많다.
특히 단백질, 지질, 당질, 회분, 비타민A가 다량 함유되어 있고 강장식품이면서
몸을 따뜻하게 해 주는 효과가 있다.

새송이버섯잡채

새송이버섯과 각종 채소를 채 썰어 함께 볶아 먹는 채식 잡채이다.
버섯은 식이섬유가 풍부하고 열량이 낮아 다이어트식으로 그만이다.
지방이 체내에 흡수되는 것을 억제하고 콜레스테롤을 감소시키고
항암효과가 있는 건강 재료라 할 수 있다.

재료(2인분)
- 새송이버섯 ············ 2개
- 당근 ················· 1/6개
- 풋고추 ················ 2개
- 붉은 고추 ············· 1개
- 참기름 ················ 1큰술
- 포도씨오일 ············ 적당량

버섯양념
- 간장 ················· 1큰술
- 다진 파 ·············· 1/2큰술
- 다진 마늘 ············ 1/2작은술
- 깨소금 ··············· 1작은술
- 참기름 ··············· 1/2큰술

1 새송이버섯은 반을 잘라 도톰하게 저며 썬다.
  당근은 4센티미터 길이로 넓적하게 채 썬다.
2 풋고추와 붉은 고추는 반을 가른 후 씨를 제거한 뒤 굵직하게 채 썬다.
3 끓는 물에 버섯을 넣고 살짝 데친 후 물기를 짠다.
4 팬에 기름을 조금 두르고 새송이버섯과
  당근, 풋고추, 붉은 고추채를 넣어 볶다가 버섯양념을 넣는다.
5 재료들이 익으면 마지막에 참기름을 둘러 마무리한다.

🍄 버섯을 맛있게 조리하려면

버섯은 고유의 향이 있어 파, 마늘, 생강 같은 강한 향신료를 적게 넣고 요리해야 제맛을 살릴 수 있다.
버섯볶음에 채 썬 가래떡을 넣어 떡볶음을 만들거나 당면을 삶아 양념하여 잡채를 만들면
반찬이 아닌 한 끼 식사로 충분히 활용할 수 있다.

단호박유자맛샐러드

쪄서 곱게 으깬 단호박에 견과류와 건포도 등을 넣고 유자청으로 버무린 고소하고 달콤한 건강 샐러드.
단호박은 비타민A, B, C 를 함유하고 비만을 예방하고 당을 떨어뜨리는 데 좋은 식품이며
피로회복에도 효과적이다. 특히 호박의 당분은 소화흡수가 잘 되어
아이들 간식이나 임산부, 환자 회복식으로 먹으면 좋다.

재료

단호박	1/2통
호두	10개
건포도	2큰술
잣	1큰술
유자청	2큰술
올리브오일	1큰술
소금	조금

1 단호박은 씨를 긁어낸 뒤 2등분하여 찜통에서 20분 정도 찐다.
2 호두는 마른 팬에 올려 중간 불에서 노릇하게 볶되
  볶는 중간에 잣을 함께 넣어 볶는다.
3 볶은 호두는 굵게 다진다.
4 단호박을 노란 속만 수저로 긁어 내어 준비한다.
5 4의 단호박에 굵게 다진 호두, 잣, 건포도를 넣는다.
6 유자청, 올리브오일에 소금을 넣어 간한 후 5에 버무린다.

유자 아니면 꿀로

유자는 비타민B, C가 풍부하다. 유자의 비타민은 위를 튼튼하게 해 주고 피로회복과 식욕을 돋우는 작용을 한다.
유자청 대신 꿀로 대신하여 버무려도 달콤한 샐러드가 되는데 천연꿀은 비타민과 미네랄이 풍부하기도 하지만
단호박과 궁합이 잘 맞는 식품이라 좋다.

오미자소스새우구이

신선한 새우를 셀러리와 꼬치에 끼워 구운 뒤 새콤한 맛의 오미자소스를 뿌려 먹는 요리이다.
오미자에는 신맛, 단맛, 쓴맛, 떫은맛, 매운맛의 다섯 가지 맛이 난다.
오미자의 새콤한 맛은 유기산 성분으로 피로회복에 좋고 노화를 예방하며 소화를 도와준다.

재료(2인분)
새우(중간 크기) ········ 12마리
셀러리 ················ 1줄기
생강즙 ················ 1큰술
소금 ··················· 조금
포도씨오일 ············· 적당량

오미자소스
오미자 우린 물 ········· 1컵
(오미자 1/3컵 + 물 1컵)
올리고당 ············· 1작은술
녹말물 ················ 2큰술
소금 ··················· 조금

1 오미자는 2~3번 헹군 뒤 물 1컵을 붓고 2시간 정도 우린 다음 면보에 받쳐 맑은 국물만 준비한다.
2 새우는 머리, 껍질을 벗긴 뒤 꼬치로 등쪽의 내장을 빼 낸다. 껍질을 벗긴 새우에 생강즙, 소금을 뿌려 밑간한다.
3 셀러리는 겉의 얇은 막을 벗긴 뒤 3센티미터 길이로 자른다.
4 새우와 셀러리를 꼬치에 번갈아 가며 끼운다. 기름을 조금 두른 팬에 새우꼬치를 얹어 굽는다.
5 오미자 우린 물에 올리고당, 소금을 넣고 끓이다가 녹말가루와 물을 같은 양으로 섞은 녹말물을 풀어 걸쭉하고 윤기나는 소스를 만든다.
6 익힌 새우 위에 새콤한 오미자소스를 뿌려 먹는다.

해산물의 잡냄새 없애기

새우의 손질법이 번거롭다면 냉동 칵테일 새우를 이용해 보자. 냉동된 칵테일새우는 해산물의 잡냄새가 약간 나지만 청주 또는 생강즙을 적당히 뿌려 주면 잡냄새를 제거할 수 있다. 후춧가루나 파슬리가루, 허브 같은 향신료를 넉넉히 뿌려 조리하면 새우의 잡냄새를 없앨 수 있고 풍미가 진한 새우요리가 된다.

우엉멸치볶음

우엉 데친 것과 멸치를 볶아 우엉의 아삭아삭함을 살린 맛 좋은 밥반찬이다.
우엉은 뿌리채소 중에도 으뜸인데 독특한 맛뿐만 아니라 좋은 효능을 가지고 있다.
우엉 속의 이눌린이란 성분은 당뇨병을 치료하는데 도움을 준다.
또한 장을 튼튼하게 해 주고 위를 건강하게 해 주며 피부에도 좋다.

재료(2인분)
- 우엉 ···················· 100g
- 멸치(중간 크기) ········· 1/2컵
- 마른 고추 ················ 1개
- 식초 ···················· 1큰술
- 통깨 ···················· 조금
- 포도씨오일 ·············· 적당량

볶음소스
- 간장 ···················· 1큰술
- 올리고당 ················ 1큰술
- 매실주 ·················· 1/2큰술
- 다진 마늘 ··············· 1/3작은술

1. 우엉은 필러(감자칼)로 껍질을 벗긴 뒤 5센티미터 길이로 잘라 넓적하게 채 썬다.
2. 마른 고추는 씨를 제거한 뒤 동글게 저며 썰고 멸치는 체에 담아 물에 헹구어 건진다.
3. 끓는 물에 식초를 넣고 우엉채를 넣어 살짝 데쳐 건진다.
4. 팬에 기름을 조금 두른 뒤 마른 고추를 넣어 향을 내고 데친 우엉을 넣어 볶는다.
   충분히 볶아지면 멸치를 넣고 비린내가 가시도록 볶는다.
5. 4에 볶음소스를 넣어 볶은 후 접시에 담고 통깨를 뿌린다.

콩과도 잘 어울리는 우엉

우엉볶음은 뿌리채소 특유의 아삭하면서 독특한 씹는 맛이 나는데 콩과 함께 볶아도 그 맛이 잘 어울린다.
노란콩을 충분히 불린 뒤 후루룩 애벌 삶은 후 우엉채와 함께 볶는다.
이때 생강채를 넣고 볶으면 콩의 독특한 나쁜 냄새를 없앨 수 있다.

모둠콩샐러드

삶은 모둠콩과 껍질콩, 양파와 소스를 넣어 버무린 샐러드.
콩은 밭에서 나는 쇠고기라 불릴 만큼 양질의 단백질이 있다.
또한 콜레스테롤을 감소시키고 동맥경화와 성인병에 좋은 불포화지방산을 함유하고 있다.
식이섬유 또한 풍부해 변비예방과 다이어트에도 좋은 식품이다.

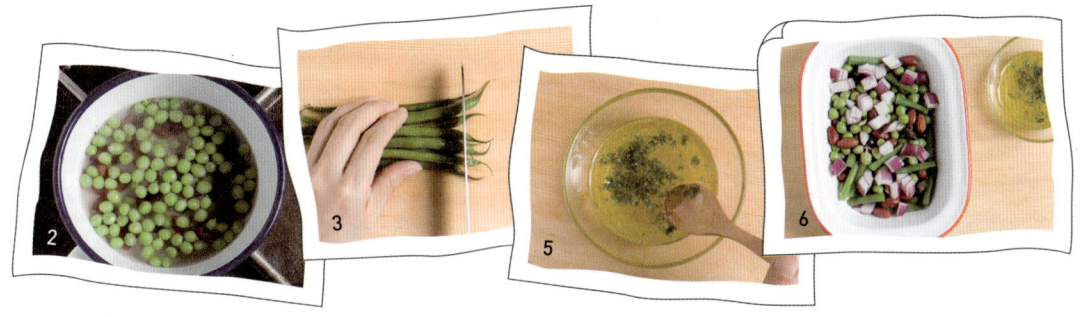

재료(2인분)
모둠콩	1컵
(강낭콩+검은콩+완두콩)	
껍질콩	8줄기
붉은 양파	1/6개
소금	조금

후렌치드레싱
올리브오일	2큰술
생강즙	1큰술
파슬리 다진 것	1/2작은술
올리고당	1큰술
소금	조금

1 강낭콩과 검은콩은 불린 것으로 준비하고 완두는 생완두를 준비한다.
2 끓는 물에 소금으로 간한 뒤 준비한 콩을 넣어 8분 정도 삶아 건진다.
3 껍질콩은 양끝을 자른 뒤 소금 간한 끓는 물에 데쳐
  찬물에 헹군 뒤 3센티미터 길이로 썬다.
4 붉은 양파는 콩 굵기만 하게 썰어 소금으로 살짝 절인 뒤
  여분의 물기를 없앤다.
5 생강즙, 올리고당, 소금, 파슬리 다진 것을 섞고
  올리브오일을 2~3번에 나누어 고루 섞어 드레싱을 만든다.
6 삶은 콩, 껍질콩, 붉은 양파를 합하여 드레싱으로 버무린다.

 콩은 채소나 과일과 함께 조리
콩은 많은 영양분을 가지고 있지만 비타민C가 거의 없으므로
콩 요리를 할 때는 채소나 과일을 함께 넣어 비타민을 보충하도록 한다.
콩은 소화가 잘되지 않는 단점이 있는데 콩의 가공식품인 된장, 청국장, 두부로 섭취하면 소화율을 높일 수 있다.
후렌치드레싱을 만들 때 생강즙 대신 레몬즙을 넣어도 괜찮다.

재료
- 연어 2조각
- 어린잎채소 1컵
- 백포도주 3큰술
- 소금 .... 조금
- 바질 .... 조금
- 올리브오일 .... 적당량

토마토소스
- 토마토 다진 것 1컵
- 다진 양파 2큰술
- 다진 마늘 1작은술
- 소금 .... 조금

1 연어는 살 쪽에 소금, 백포도주를 뿌린 뒤 바질을 조금 뿌려 20분 정도 재운다.
2 어린잎채소는 생생해지도록 찬물에 담가 둔다.
3 토마토는 열십자로 칼집을 낸 뒤 소금 간한 끓는 물에 데쳐 찬물에 헹구고 껍질을 벗긴 다음 잘게 다진다.
4 토마토 다진 것에 다진 양파, 다진 마늘, 소금을 넣어 소스를 만든다.
5 밑양념해 둔 연어 위에 위의 토마토소스를 얹고 찜통에 넣어 10분 정도 찐다.
　연어찜에 어린잎채소 또는 녹색채소를 곁들여 낸다.

🥄 토마토&연어 상식
서양에서는 최고의 정력식품이라고도 일컬어지는 토마토는 생으로 먹는 것보다 익혀 먹는 것이 영양분을 최대한 소화 흡수할 수 있다. 특히 생 토마토에 알레르기 반응을 일으키는 사람은 익혀 먹으면 안심해도 된다. 토마토의 가공품인 토마토케첩, 페이스트, 퓨레 등을 이용하면 언제 어디서나 손쉽게 토마토 요리를 만들 수 있다. 연어는 주로 캐나다와 노르웨이 연안에서 양식하는데 연어 양식장 주변 오염이 아주 심각하다는 이야기도 있다. 평소 연어를 먹지 않는 사람이라면 연어 대신, 가자미, 대구살, 동태살 등 비린내가 적고 담백한 흰살생선을 이용해도 좋다. 토마토소스의 담백한 맛과 잘 어우러진다.

토마토소스연어찜

백포도주와 허브로 밑간한 연어 위에 토마토 소스를 얹어 스팀으로 쪄낸 음식이다.
토마토는 루틴 성분을 함유하고 있는데 혈압을 내리고 혈관을 튼튼하게 해 준다.
고기나 생선 등 기름기 있는 음식을 먹을 때 토마토를 곁들이면
소화를 돕고 산성식품을 중화시키는 역할을 한다.

보리강된장

불린 보리쌀과 표고버섯, 무, 양파, 고추, 등을 넣고
된장을 풀어 자작하게 강된장으로 끓인 요리로
밥 위에 얹어 비비거나 쌈장으로 먹어도 좋다.
보리는 칼슘, 인, 철, 무기질과 비타민B군이 풍부하고
식이섬유가 많아 혈당과 콜레스테롤을 떨어뜨리고 변비를 예방하는데 도움이 된다.

재료(2인분)

- 보리 ···················· 1/2컵
- 표고버섯 ················ 2개
- 무 ····················· 50g
- 양파 ·················· 1/6개
- 대파 ················ 1/4줄기
- 붉은 고추 ················ 1개
- 청량고추 ················ 2개
- 된장 ··················· 3큰술
- 다진 마늘 ············ 1/2작은술
- 올리고당 ················ 1큰술
- 참기름 ················ 1/2큰술
- 다시마국물 ··············· 2컵

1 보리는 2~3번 씻은 후 물에 40분 정도 담가 충분히 불린다. 불린 보리는 체에 건져 물기를 뺀다.
2 표고버섯은 기둥을 자르고 무, 양파와 함께 사방 1센티미터 크기로 썬다.
3 붉은 고추, 청량고추, 대파는 동글게 저며 썬다.
4 뚝배기에 참기름을 두르고 보리쌀, 무, 표고버섯, 양파를 넣어 달달 볶다가 다시마국물을 붓고 끓인다.
5 된장과 올리고당을 섞어 두었다가 재료가 익으면 푼다.
6 강된장이 구수하게 끓으면 다진 마늘, 파, 고추를 넣고 잠깐 끓인 뒤 불에서 내린다.

된장은 마지막에 넣기

된장은 오래 끓이면 좋은 영양분이 많이 파괴된다.
찌개나 국을 넣을 때 된장을 마지막에 풀어 잠깐 끓여야 효과적이다.
강된장을 끓일 때 단맛을 첨가하는 것은 염분이 많아 짜기 때문에 중화시키기 위함이다.
양파 같은 것으로 대신해도 좋다.

재료(2인분)
브로콜리	1/2송이
통밀식빵	1조각
아몬드슬라이스	1/3컵
호두	6개
소금	조금
올리브오일	적당량

크루통
다진 마늘	1/2작은술
파머슨치즈가루	1큰술
올리브오일	1큰술

두부참깨소스
생식용두부	100g
참깨	1큰술
식초	2큰술
올리고당	1큰술
소금	조금

1 브로콜리는 긴 대를 조금 자르고 작게 송이로 썰어 소금 간한 끓는 물에서 살짝 데친 뒤 찬물에 헹군다.
2 통밀식빵은 사방 1.5센티미터 크기로 썰어 다진 마늘, 치즈가루, 올리브오일을 넣고 버무린 뒤 180도의 오븐에 넣어 8분 정도 굽는다. 또는 마른 팬에 올려 노릇하게 굽는다.
3 호두는 잘게 쪼갠 뒤 아몬드슬라이스와 함께 180도의 오븐에 넣어 10분 정도 노릇하게 굽는다. 또는 마른 팬에 올려 노릇하게 굽는다.
4 믹서에 생식용두부, 참깨, 식초, 올리고당, 소금을 넣고 갈아 두부참깨소스를 만든다.
5 브로콜리, 크루통, 견과류 구운 것을 담고 두부참깨소스를 뿌려 먹는다.

브로콜리 기둥 버리지 마세요
브로콜리의 기둥은 보통 단단해서 먹지 않고 버리는 경우가 많은데 기둥에도 봉오리 못지않게 영양소가 많으므로 버리지 말고 먹도록 한다. 단 봉오리보다 단단하므로 좀더 오래 데치도록 한다.

브로콜리견과샐러드

데친 브로콜리에 아몬드, 크루통을 곁들이고 천연드레싱인 두부참깨소스를 뿌려 먹는 건강 샐러드다.
브로콜리는 비타민C 함유량이 레몬의 두 배, 감자의 일곱 배로 비타민의 보고라 할 수 있다.
이외에 비타민B_1, B_2, 칼륨, 인, 칼슘 등의 미네랄도 풍부하다.

사진 제공 : 한살림

CHAPTER 05
노화방지에 효과적인 음식

나이보다 젊어 보이는 외모는 현대사회에서 경쟁력이자 자신감이다.
나이가 들어감에 따라 주름이 생기고 장기가 노쇠하는 것은 당연한 일이나
조금만 신경쓰고 노력한다면 노화를 늦출 수 있다.
노화를 방지하는 효과가 탁월한 음식들을 소개한다.

청국장꽁치조림

청국장에 갖은 양념을 해 꽁치 위에 얹어 졸인 구수한 건강 음식.
청국장은 콩을 원료로 만든 발효음식이다. 비타민B₁, B₂, 비타민E, 아연, 엽산, 식이섬유 등
노화를 예방하는 각종 영양소가 들어 있고 장의 활동을 촉진해 비만과 성인병을 예방하고 항암효과도 있다.

재료(2인분)

꽁치	1마리
양파	1/2개
실파	3줄기
붉은 고추	1개
다시마국물	1컵

청국장양념

청국장	3큰술
간장	1/2큰술
청주	1큰술
다진 마늘	1작은술
다진생강	1/2작은술
참기름	1/2큰술
올리고당	1/2큰술

1 꽁치는 비늘을 긁어낸 뒤 두세 토막을 낸다.
2 양파는 동글고 도톰하게 저며 썬다.
  실파는 4센티미터 길이로 자른다. 붉은 고추는 동글게 저민다.
3 냄비에 양파를 깔고 꽁치와 청국장양념을 얹고 다시마국물을 부어 졸인다.
  한소끔 끓으면 뚜껑을 열고 생선 비린내를 날려가며 졸인다.
4 끓는 중간에 실파, 붉은 고추를 넣고 잠깐 졸인 뒤 그릇에 담는다.

청국장 소스와 어울리는 등푸른생선

꽁치 대신 살이 두툼한 삼치 또는 고등어를 살만 포떠 넣고 졸여도 청국장소스와 잘 어우러진다.
등푸른생선은 흰살생선이나 붉은살생선에 비해 비린 맛이 강하므로 뚜껑을 열고 조리해야 비린 맛을 없앨 수 있다.
청국장에 함유된 영양소는 열에 약하므로 너무 오래 끓이지 않는 것이 좋다.

재료(2인분)
새우 10마리
달걀 2개
새싹 1/3컵
마늘 1개
다시마국물 2큰술
청주 1작은술
소금 .... 조금
포도씨오일 .... 적당량

새우밑양념
청주 1작은술

1 새우는 머리, 껍질을 벗기고 이쑤시개로 등쪽의 내장을 제거한 뒤 청주를 뿌린다.
2 달걀은 다시마국물, 청주, 소금을 넣고 풀어 놓는다.
3 새싹은 물에 씻어 건지고 마늘은 얇게 저며 썬다.
4 기름을 조금 두른 팬에 마늘 저민 것을 넣어 향을 낸 뒤 새우를 넣어 볶는다.
5 새우가 익으면 팬 한쪽으로 밀고 달걀물을 붓고
   나무젓가락으로 휘휘 저어 가며 익힌다. 달걀은 약한 불에서 익혀야 부드럽다.
6 달걀 볶은 것에 새우를 섞고 그릇에 담아 새싹을 얹는다.

달걀소보로 활용법

달걀소보로는 달걀을 부드럽게 볶아먹는 요리로 새우 외에 게살, 생선살 등과 함께 요리해도 잘 어울린다.
소보로를 김밥 위에 얹어 말아도 좋고 덮밥이나 비빔밥 위에 얹어도 맛있다.
또는 우동이나 칼국수 위에 고명으로 얹어도 색다르게 즐길 수 있다.

새우달걀소보로

달걀을 풀어 볶아 보슬보슬한 상태로 만들어 새우를 넣고 볶은 음식.
새우는 단백질, 칼슘, 무기질, 비타민 등이 풍부한 강장식품이다.
특히 새우속의 단백질은 필수 아미노산이 많고 양기를 왕성하게 해 준다.

잣소스죽순무침

곱게 간 잣으로 소스를 만들어 죽순과 여러 가지 채소를 함께 버무린 음식이다.
잣은 비타민B군이 풍부하고 호도나 땅콩보다 철분이 많다.
잣의 불포화지방산은 피부를 윤기나게 하고 혈압을 떨어뜨리고 스태미너를 강하게 해 준다.
단 인은 많고 칼슘은 적은 산성식품이라 해초류처럼 칼슘이 많은 식품과 함께 먹는 것이 좋다.

재료(2인분)

- 죽순 ················· 1개
- 새송이버섯 ·········· 1개
- 붉은 피망 ··········· 1/2개
- 오이 ················· 1/2개
- 쌀뜨물 ··············· 2컵
- 소금 ················· 조금
- 포도씨오일 ········· 적당량

잣소스
- 잣 ··················· 3큰술
- 우유 ················· 4큰술
- 참기름 ············· 1작은술
- 소금 ················· 조금

1 죽순은 반을 갈라 하얀 덩어리를 빼 낸 뒤 빗살무늬 모양으로 저며 썬다.
2 새송이버섯은 모양대로 도톰하게 저며 썰고, 붉은 피망은 씨와 속살을 제거한 뒤 4센티미터 길이로 썬다.
3 오이는 소금으로 문질러 씻은 뒤 반을 갈라 어슷하게 저며 썰어 소금으로 살짝 절인다. 절인 오이는 면보로 물기를 제거한다.
4 끓는 쌀뜨물에 죽순을 넣어 데친다.
5 팬을 달군 뒤 기름을 조금 두르고 죽순, 새송이버섯, 붉은 피망, 오이를 넣고 소금 간하여 볶는다.
6 믹서에 고깔 뗀 잣, 우유, 참기름, 소금을 넣고 곱게 갈아 잣소스를 만든다. 4의 볶은 채소에 잣소스를 뿌려 버무린다.

🥄 기운이 없다면 잣죽을

기운이 없을 때나 입맛을 잃었을 때 잣죽을 먹으면 기운이 나고 입맛이 돌아온다.
잣죽은 잣에 물 1컵을 붓고 곱게 갈아 뽀얀 잣물을 만든다.
냄비에 불린 쌀과 여섯 배의 물을 붓고 저어 가며 죽을 끓인다.
쌀알이 푹 퍼지면 잣 갈은 물을 붓고 살살 저어 가며 끓인 다음
소금 간하면 영양 듬뿍 담긴 잣죽이 된다.

재료(2인분)
- 배추우거지 ················ 200g
- 실고추 ···················· 약간

나물양념
- 들깨가루 ················· 2큰술
- 다진 파 ·················· 1큰술
- 국간장 ·············· 1과 1/2큰술
- 다진 마늘 ············ 1/2작은술
- 들기름 ··················· 1큰술

1. 배추우거지는 물에 두세 번 씻어 불순물을 없앤 뒤 물에 담가 30분 정도 두어 특유의 잡맛을 우려 낸다.
2. 배추우거지를 건져 물기를 짠 뒤 6센티미터 길이로 썰고 실고추는 3센티미터 길이로 자른다.
3. 배추우거지에 국간장, 다진 파, 다진 마늘 넣어 조물조물 무친다.
4. 실고추, 들깨가루와 들기름을 넣어 버무린다.

우거지 된장탕

국간장과 나머지 양념으로 애벌로 무친 다음 들깨가루는 마지막에 넣고 무쳐야 뭉치지 않고 깔끔한 들깨나물이 된다.
먹고 남은 들깨우거지나물은 건새우를 넣고 된장 국물에 풀어 뭉근하게 끓여
숙취해소에 좋은 우거지된장탕으로 즐겨도 좋다.

들깨우거지나물

데친 배추우거지를 들깨와 갖은 양념으로 무치면 고소하고 섬유질 많은 밥반찬이 완성된다.
들깨는 리놀산, 비타민E, F가 많이 들어 있어 고소한 맛이 많을 뿐만 아니라
피부를 윤기나게 해 주며 항산화작용을 해 노화방지, 성인병 예방, 혈액을 맑게 하는 데 효과가 있다.

다시마생채소말이

오이, 당근, 무를 곱게 채 썰고 무순, 치커리와 함께 다시마에 돌돌 말아
새콤달콤한 소스를 찍어 먹는 시원한 건강 냉채이다. 다시마는 열량이 거의 없고
식이섬유, 무기질이 풍부하며, 면역기능 강화, 노화예방, 암세포 생성 억제, 혈액정화 등의 효능이 있다.
특히 마른 다시마는 국물을 내면 감칠맛과 깊은 맛이 우러나 천연 조미료로서 큰 역할을 한다.

재료(2인분)
- 염장 다시마 ············ 100g
- 오이 ··················· 1/2개
- 당근 ··················· 1/6개
- 무 ····················· 100g
- 치커리 ················· 10장
- 무순 ··················· 1/3컵

와사비소스
- 식초 ··················· 2큰술
- 올리고당 ··············· 1큰술
- 연와사비 ··············· 1작은술
- 소금 ··················· 조금

1. 다시마는 소금기를 씻어 내고 넉넉한 찬물에 담가 짠맛을 적당히 우린다. 겨울과 봄 사이에는 생다시마가 제철이지만 그 외의 계절에는 염장 다시마를 이용한다. 생다시마일 경우 끓는 물에 살짝 데친 뒤 찬물에 헹궈 쓴다.
2. 다시마는 6센티미터 길이, 10센티미터 폭으로 자른다.
3. 오이, 당근, 무는 7센티미터 길이로 곱게 채 썰고 무순과 치커리는 물에 씻어 건진다.
4. 오이, 당근, 무채, 무순을 섞고 다시마에 치커리와 채 썬 재료들을 얹어 돌돌 말아 준다.
5. 와사비소스를 고루 저어 주고 나서 다시마채소말이에 곁들여 찍어 먹는다.

🍜 다시마는 미역으로, 채소는 해산물로

다시마 대신 생미역이나 쇠미역으로 말이를 해도 좋은데 채소뿐만이 아니라 오징어, 새우, 게살 등의 해산물 데친 것과 함께 말이를 해도 궁합이 잘 맞는다. 이때는 곁들이는 소스에 다진 마늘과 생강즙을 넣으면 해물의 맛과 잘 어울린다. 올리고당은 장 속의 유익한 세균인 비피더스균을 강하게 해 주고 비타민B군을 만들어 주며 칼슘의 흡수를 도와주고 혈당 조절을 도우므로 설탕이나 물엿 대용으로 단맛을 낼 때 쓴다.

양파가지볶음

양파와 가지를 포도씨오일로 볶아 낸 담백한 채소 요리이다.
양파는 지질의 함량이 적으며 단백질이 많고 칼슘과 철분의 함량이 많아 강장효과가 있다.
양파를 다른 재료와 함께 먹으면 비타민B_1의 흡수율이 높아진다.
양파채소샐러드, 양파채소볶음 등 여러 가지 채소들과 궁합 맞는 요리로 즐겨 보자.

재료(2인분)
- 양파 ·············· 1개
- 가지 ·············· 1/2개
- 노랑 피망 ········ 1/2개
- 참기름 ············ 1/2큰술
- 통깨 ·············· 조금
- 소금 ·············· 조금
- 포도씨오일 ······ 적당량

1 양파는 5밀리미터 두께의 링으로 저며 썰어 알맹이를 하나씩 뺀다.
2 가지는 도톰하게 동글게 썰어 소금물에 잠시 담가 갈변을 막는다.
3 노랑 피망은 씨와 하얀 속살을 제거한 뒤 길쭉하게 썬다.
4 팬에 기름을 조금 두르고 양파, 가지를 넣어 볶는다.
5 4에 노랑 피망을 넣고 소금, 통깨, 참기름으로 간하여 살짝 볶는다.

양파의 이모저모

양파를 먹고 난 뒤 입 안의 양파 냄새를 없애려면 새콤한 맛이 나는 음료나 우유를 마시면 된다.
한 번 쓴 튀김기름은 양파와 파 조각을 함께 넣어 끓인 뒤 식혀서 보관하면 기름 속의 잡냄새도 사라지고 산패의 속도도 지연된다. 하지만 가능하면 일단 쓴 기름은 다시 쓰지 않는 편이 좋다. 샐러드 위에 날 양파를 얹을 때 식초를 탄 물이나 얼음물에 담가 두었다 건지면 양파의 매운맛이 한결 덜해 먹기 수월하다.

양배추바지락볶음

양배추와 바지락을 담백한 소스에 볶아 낸 밥반찬.
양배추는 비타민과 칼슘이 많은 알칼리성 식품으로 특히 위가 약한 사람에게 효과가 있다.
양배추에는 유황성분이 있어 특유의 냄새가 나는데 식초를 넣고 요리하면 냄새가 없어진다.

재료(2인분)

- 양배추 ·················· 3장
- 바지락 ·················· 200g
- 대파 ···················· 1/3줄기
- 말린 홍고추 ············· 5개
- 마늘 ···················· 2개
- 생강 ···················· 1/3쪽
- 소금 ···················· 조금
- 포도씨오일 ·············· 적당량

볶음소스

- 간장 ···················· 1큰술
- 청주 ···················· 1/2큰술
- 다진 마늘 ··············· 1/2작은술
- 참기름 ·················· 1/2큰술

1 양배추는 가운데 심을 도려낸 뒤 사방 2센티미터 크기로 썬다.
2 바지락은 옅은 소금물에 담가 신문지를 덮어두어 해감한 뒤 껍질을 비벼 씻어 불순물을 제거한다.
3 대파는 2센티미터 길이로 썰고 마늘은 도톰하게 저며 썰고 생강은 채 썬다.
4 기름을 조금 두른 팬에 말린 홍고추, 마늘, 생강채를 넣고 향을 내다가 양배추와 바지락을 넣고 잠시 팬 뚜껑을 덮어 익힌다.
5 바지락이 입을 열면 볶음소스와 파를 넣고 재빨리 볶는다.

양배추와 비타민

양배추를 요리할 때 비타민을 최대한 섭취하려면 생으로 먹는 게 제일 좋다.
불에 익힐 때는 너무 오래 불에서 익히지 않도록 한다.
양배추 대신 적색의 양배추인 적채를 쓰면 색감도 좋고 단맛이 좀 더 있어 식감을 좋게 한다.

재료(2인분)
시금치 ·············· 60g
까망베르치즈 ·············· 50g
미니토마토 ·············· 8개
올리브오일 ·············· 적당량

발사믹드레싱
올리브오일 ·············· 2큰술
발사믹와인식초 ·············· 1큰술
사과 다진 것 ·············· 2큰술
꿀 ·············· 1큰술
소금 ·············· 약간

1 시금치는 연한 잎으로 준비해 뿌리를 잘라 내고 다듬어 씻는다.
 큰잎은 반길이로 자른다. 기름을 조금 두른 팬에 시금치를 넣고 센 불에서 살짝 볶는다.
2 까망베르치즈는 한입 크기로 썰고 미니토마토는 2등분한다.
3 발사믹와인식초에 다진 사과와 꿀, 소금을 섞은 뒤 올리브오일을 2~3번에 나누어 넣어 고루 섞는다.
4 시금치 볶은 것, 치즈, 토마토를 담고 발사믹드레싱을 뿌린다.

발사믹와인식초는
발사믹와인식초는 백포도주에 식초를 섞어서 오랜 시간 숙성시킨 것으로 향기와 풍미가 좋은 고급식초이다. 주로 드레싱이나 소스를 만들 때 이용하고 고기요리, 치즈요리, 채소요리, 과일요리와 궁합이 잘 맞으며 음식의 맛과 풍미를 한결 더해 준다.

시금치치즈샐러드

시금치를 올리브오일에 살짝 볶은 뒤 치즈와 토마토를 곁들이고 발사믹소스를 뿌려 만든 상큼한 맛의 샐러드이다. 시금치는 채소 중 비타민A를 가장 많이 가지고 있는 녹색채소다. 녹색채소에는 엽록소, 비타민, 칼슘, 철분, 요오드 등이 풍부해 성장기의 어린이, 임산부에게도 좋다.

연근검은깨구이

아삭아삭한 연근을 끓는 물에 살짝 데친 후 검은깨를 듬뿍 묻혀 구운 고소함이 느껴지는 전.
연근을 전으로 부치면 감자의 맛과 비슷한 느낌의 맛이 나 아이들과 어른들 누구나의 입맛에 맞는다.
뿌리채소인 연근의 끈적끈적한 성분은 강장효과가 있고 조림으로 만들면 쫄깃한 맛을 낸다.

재료(2인분)
- 연근 ··········· 1/2개
- 멥쌀가루 ··········· 1컵
- 검은깨 ··········· 1큰술
- 풋고추 ··········· 2개
- 식초 ··········· 1큰술
- 포도씨오일 ··········· 적당량
- 소금 ··········· 적당량

초간장
- 간장 ··········· 1큰술
- 식초 ··········· 1큰술
- 송송 썬 실파 ··········· 1작은술
- 통깨 ··········· 조금

1. 연근은 흙을 씻어 낸 뒤 필러(감자칼)로 껍질을 벗긴 다음 3밀리미터 두께로 썬다.
2. 끓는 물에 식초 1큰술 넣고 연근을 넣어 살짝 끓으면 건진다.
3. 풋고추는 반을 갈라 씨를 제거한 뒤 잘게 다진다.
4. 멥쌀가루에 물과 소금을 넣고 주르르 흐르는 반죽을 한 뒤 검은깨, 풋고추 다진 것을 섞는다.
5. 데친 연근을 4의 반죽에 담갔다가 기름을 두른 팬에 얹어 노릇하게 지진다. 연근구이에 초간장을 곁들여 낸다.

맛있는 간식 연근칩

연근을 슬라이스기로 얇게 썰어 끓는 물에 식초를 넣고 데친 뒤 채반에 올려 물기를 제거한 다음
170도의 기름에 넣어 노릇하게 튀기거나 전자레인지나 오븐에 넣어 바삭하게 구우면 연근칩이 된다.
연근칩은 감자칩과 그 맛이 비슷하여 아이들 간식으로도 그만이다.

파래호두볶음

마른 파래를 잘게 찢어 호두와 함께 볶아 낸 것으로 밑반찬으로 두고 먹어도 좋다.
파래는 해조류의 일종으로 단백질과 철분을 많이 가지고 있고 엽록소가 많아 몸의 대사를 돕는다.
특히 니코틴 해독에 효과가 있다.

재료(2인분)
- 마른 파래 …………………… 30g
- 호두 …………………………… 1/2컵
- 간장 …………………………… 1작은술
- 올리고당 ……………………… 1작은술
- 소금 …………………………… 조금
- 포도씨오일 …………………… 적당량

파래양념
- 깨소금 ………………………… 1작은술
- 참기름 ………………………… 1큰술
- 소금 …………………………… 조금

1. 호두는 4등분으로 쪼갠다.
2. 마른 팬에 호두를 담고 소금을 뿌린 뒤 약한 불에서 볶아 덜어 놓는다.
   호두를 볶으면 고소한 맛이 더해지고 떫은맛이 줄어든다.
3. 마른 파래는 잘게 찢은 뒤 깨소금, 소금, 참기름으로 버무린 다음
   포도씨오일을 조금 두른 팬에서 볶는다.
4. 파래 볶은 것에 호두를 넣고 올리고당과 간장을 조금 넣어
   가볍게 버무린다.

달걀파래탕

마른 파래는 무치거나 볶는 조리법 외에 국물로 먹는 방법이 있는데 달걀을 풀어
끓인 달걀탕에 파래를 잘게 찢어 넣고 소금, 다진 마늘, 후춧가루로 간해 먹는 달걀파래탕이 그것이다.
파래의 바다 향기가 느껴지며 속풀이 국으로 시원하게 먹을 수 있다.

믿고 살 수 있는 친환경 매장

현재 국내 친환경 농산물의 인증은 국립농산물품질관리원에서 '저농약', '무농약', '전환기', '유기농' 네 종류로 구분하여 시행하고 있다. 저농약이란 유기합성농약과 화학비료는 기준 사용량의 2분의 1을 사용하되 제초제는 전혀 사용하지 않고 재배한 것을 말하며, 무농약이란 화학비료는 기준량의 3분의 1을 사용하되 유기합성농약과 제초제를 사용하지 않고 재배한 것을 말한다. 전환기란 무농약 재배를 시작한 후 유기농 인증을 받기 전까지 이행 기간 중 재배한 것을 말하고, 유기농이란 일정 기간 화학비료와 유기합성농약을 사용하지 않고 재배한 것으로 식품첨가물을 넣지 않고 유전자조작 식품이 아닌 것을 말한다. 이러한 상품을 파는 친환경 매장으로는 어떤 곳이 있는지 정리해 보았다.

● 생활협동조합

소비자가 조합원으로 가입하여 함께 운영하는 형태로 일정 출자금과 조합비를 납부해야 이용할 수 있다. 대부분 인터넷으로 주문할 수 있고 일주일에 1회 배송되므로 홈페이지를 참고한다. 곡물, 채소, 과일, 축산물, 장·양념 반찬 등의 기본 품목은 모든 생협이 비슷하지만 가공식품이나 생활용품 등은 생협마다 조금씩 다르다.

한살림
02-3498-3600 www.hansalim.or.kr

한살림은 한 집에서 살림하듯 더불어 살자는 뜻. 가입비 3천 원과 출자금 3만 원을 내고 조합원으로 가입하면 제품을 구입할 수 있다. 100퍼센트 국내산을 판매하는 것을 원칙으로 한다. 생명, 생태, 공동체를 기치로 한살림 운동을 전개한다.

- **매장** 서울·경기 11곳, 기타 지역 14곳
- **방법** 지역생협 조합원으로 가입한 뒤 출자금과 가입비 납부(지역마다 회원 가입 절차가 약간씩 다름)
- **배송** 지역매장별 주 1회 공급(주문 마감일 제도)
- **품목** 기본 품목 + 두부·어묵·묵 / 수산·건어물 / 떡·빵·잼 / 면·만두·피자 / 건강식품·꿀 / 차·음료·유제품 / 과자·빙과 / 화장품 / 생활용품

아이쿱생협(구. 한국생협연대)
1577-0178 www.icoop.or.kr

지역주민운동으로 출발한 부평생협을 모태로 1997년 경인지역생협연대를 출범한 뒤 현재 한국생협연구소를 비롯해 지역생협활동을 지원하기 위한 생협연합회와 유기농 도매시장을 운영한다.

- **매장** 서울 8곳, 경기 16곳, 기타 지역 41곳
- **방법** 지역생협 조합원으로 가입한 뒤 출자금과 조합비 납부(지역마다 조합비와 가입 절차가 약간씩 다름)
- **배송** 날마다 오후 11시 주문 마감 뒤 3일 내 배송
- **품목** 기본 품목 + 신선 가공식품 + 차·음료 / 수산물 / 건재 / 간식거리 / 건강식품 / 면·만두 / 친환경생활용품

두레생협연합회
02-3283-7290 www.dure.coop

'생협수도권연합회'를 모태로 출발. 2004년 '지역생명운동'이라는 새로운 정체성을 확립하고 '두레생협'으로 개칭했다. 생산이력시스템을 갖추고 있어 각 상품의 생산지, 생산자, 생산과정을 확인할 수 있다.

- **매장** 서울 12곳, 경기 29곳
- **방법** 지역생협에 가입한 뒤 출자금과 가입비 납부
- **배송** 지역 매장별 주 1회 공급(주문 마감일 제도)
- **품목** 기본 품목 + 가공식품 / 일일식품 / 차 · 음료 / 건강식품 / 생활용품 / 여름 기획 / 수산 · 건어물

정농생협
02-404-6247 www.jungnong.com

농민들의 모임인 정농회가 기반이 되어 운영되는 생활협동조합. 우리나라 조직적 유기농법 실천의 첫 출발점. 기존 4단계 인증을 넘어 물품에 따라 6~8단계로 기준 설정(비닐 멀칭, 퇴비의 질, 질산염, 종자, 경력 등을 종합적으로 고려).

- **매장** 서울 5곳
- **방법** 조합원으로 가입한 뒤 출자금과 가입비 납부(기본 교육 이수해야 함)
- **배송** 주 3회 공급(주문 마감일 제도)
- **품목** 기본 품목 + 두부 · 어묵 / 면 · 간식 / 가루음식 · 떡국 / 차 · 음료 / 건강보조식품 / 생활용품 / 화장품 / 천연염색 / 수산 · 건어물

콩세알을 심는 농부(풀무생협)
070-7764-9283 www.kongseal.com

6백여 명의 친환경 생산자가 주축이 되어 만든 온라인 유기농 유통매장. 오프라인 매장은 없다. 일반회원으로 가입한 뒤 이용할 수 있다. 생산지가 홍성군 홍동면 일대에 밀집되어 있다.

- **매장** 없음
- **방법** 일반회원으로 가입한 뒤 이용 가능
- **배송** 당일 오후 10시까지 입금 확인 뒤 2일 내 배송
- **품목** 기본 품목 + 가루식품 / 간식 / 면 / 차 · 음료 / 건강식품 / 환경생활용품

여성민우회생협
02-581-1675 www.minwoocoop.or.kr

한국여성민우회가 주체로 농업 · 환경 · 지역 살리기 활동을 펼쳐 왔다. 지역주민과 조합원을 대상으로 환경, 친환경 소비, 식품안전, 요리, 건강 등 강좌와 생산지 견학 및 요리, 노래, 책읽기, 영화, 생태목공 등 소모임, 생산자 1일 점장제, 여성생산자, 소비자 교류회 등을 운영한다.

- **매장** 서울 · 경기 12곳, 기타 지역 1곳
- **방법** 조합원으로 가입한 후 출자금과 가입비 납부
- **배송** 주 1회 공급(주문 마감일 제도)
- **품목** 기본 품목 + 우리밀제품 / 건강식품 / 환경생활용품 / 수산 · 건어물 / 차 · 음료

인드라망생협
02-576-1882 www.budcoop.com

도농 공동체운동을 통한 도시와 농촌의 친환경농산물 직거래를 구상하고 불교귀농학교를 수료한 동문들이 전국 각지에서 생산한 생산물을 공급한다.

- **매장** 전국 사찰 4곳
- **방법** 조합원으로 가입한 뒤 출자금과 가입비 납부
- **배송** 월요일 주문 마감 / 매주 목요일 발송
- **품목** 기본 품목 + 일일식품 / 간식 / 친환경생활용품 / 수산물 / 우리밀제품 / 건강식품

예장생협
02) 426-5801, 5803~4 www.yj-coop.or.kr

농촌과 도시, 자연과 인간이 함께 더불어 살아가는 건강한 세상을 이루기 위해 도시와 농촌의 크리스챤들이 손을 잡고 만든 생명공동체이다. 생활재를 받기 3일 전 오후 6시까지 인터넷이나 전화로 주문하면 지역별로 편성된 공급요일에 배송된다.

- **매장** 없음
- **방법** 조합원으로 가입한 뒤 출자금 납부
- **배송** 주 1회 공급(서울 및 수도권), 지방은 택배
- **품목** 기본 품목 + 신선식품 / 일반 가공품 / 수산물생선류 / 생활용품 / 여름생활재 / 선물용생활재 / 급식용

● 유기농 유통전문매장

생활협동조합과는 조금 다르지만 다양한 친환경 상품을 많은 지역 매장에서 만날 수 있다.
여러 가지 참여활동을 통해서 소비자가 쉽게 유기농을 접할 수 있다.

무공이네
02-441-8266 www.mugonghae.com

친환경 유기농 식품을 비롯한 친환경 생활용품을 유통하는 곳으로 단순한 상품 유통뿐만 아니라 바른 생활문화를 만들어가는 곳이다.

- **매장** 전국 직영점 200여 곳 / 가맹점 11곳 / 농협 아침마루 입점
- **방법** 일반회원 / 로하스 회원(가입비와 월회비 납부 시 할인율 적용)
- **배송** 서울·경기 일부는 당일 배송 / 그 외는 익일 배송
- **품목** 기본 품목 + 간식·면 / 건강식품 / 차·음료 / 생활잡화 / 여성·문구·완구

초록마을
080-023-0023 www.hanifood.co.kr

초록마을 인터넷 사이트와 전국 2백여 초록마을 매장을 통해 국내에서 생산되는 친환경 유기농 식품 및 환경생활용품, 주류 등을 판매한다.

- **매장** 서울 46곳, 경기 50곳, 기타 직영점 111곳 / 가맹점 50여 곳
- **방법** 일반회원으로 가입한 뒤 구매가능
- **배송** 일반물품은 주문 뒤 익일 배송. 저온물품은 주문 이틀 뒤 배송
- **품목** 기본 품목 + 건강식품 / 간식·면 / 차·음료 / 생활용품 / 수산·건어물

유기농 녹색가게 신시
1644-6279 www.shinsi.com

(주)녹색세상의 유기농 유통 사업기구. 신시 매장을 시작으로 생태마을, 녹색문화사업, 출판문화사업 등을 운영하고 있다. 생산지 탐방 프로그램, 생태, 건강, 육아, 교육 등 다양한 분야의 정보 수록. 해외 유기농도 취급한다.

- **매장** 서울·경기 35곳, 기타 지역 80곳
- **방법** 일반회원으로 가입한 뒤 이용 가능
- **배송** 주 3회 공급(주문 마감일 제도) / 서울·경기 지역은 당일 배송
- **품목** 기본 품목 + 우리밀제품 / 간식 / 차·음료 / 건강식품 / 생활용품 / 수산·건어물

올가
080-596-0086 www.orga.co.kr

ORGANIC의 앞 네 글자를 줄인 '올가'는 풀무원에서 운영한다. 순수 한우, 아토피 전용 식품, 친환경 소재 생활용품 취급. 백화점과 대형할인마트 내 매장 운영, 체험상품, 산지체험 프로그램 운영, 매월 총매출액의 0.1퍼센트를 지구사랑기금으로 기부한다.

- **매장** 서울·경기 직영점 9곳, 전국 입점 매장 26곳(롯데백화점 등)
- **방법** 일반회원으로 가입한 후 구매 가능
- **배송** 서울·경기 지역 당일 배송 / 그 외 익일 배송
- **품목** 기본 품목 + 차·음료 / 건강식품 / 간식·면 / 생활용품 / 수산·건어물

유기농 미생채
02-3667-3691~3 www.misaengchae.com
www.healgreen.com

(주)GMF에서 운영하는 친환경 농산물 전문 유통점. 농민과 1천 여 명의 약사들이 참여. 뉴질랜드의 유기농 전문기업인 허클베리팜스&힐그린 또한 미생채가 운영한다. 아토피 등 건강제품에 강하다.

- **매장** 미생채-전국 19곳, 힐그린-전국 7곳
- **방법** 일반회원으로 가입한 후 구매 가능
- **배송** 전일 오후 5시 30분까지 주문 뒤 익일 배송
- **품목** 기본 품목 + 화장품·바디용품 / 허브·아로마 / 아토피 / 유기농의류

한마음 유기농 쇼핑몰
0505-625-6245 www.yuginong.co.kr

호남 최초의 유기농업 단체인 한마음공동체가 주최. 한마음자연학교, 생태유치원, 장성여성농업센터 등도 운영한다. 지역생산자 조직 및 공동체 물류센터를 갖추고 있다.

- **매장** 전국 56곳
- **방법** 일반회원으로 가입한 뒤 구매 가능
- **배송** 입금 확인 뒤 당일 배송
- **품목** 기본 품목 + 음료·차 / 환경생활용품 / 자연요법용품 / 건강식품 / 간식·면 / 수산·건어물

나에게 맞는 유기농 가게 찾기

채식인이라면?
육식에 입맛이 젖은 사람들도 채식으로 식습관을 바꾸는 데 어려움이 없도록 콩과 글루텐(밀)을 사용해서 채식고기를 만든 제품과 달걀, 동물성 원료, 화학조미료, 방부제가 들어가지 않는 순수한 채식 웰빙 먹을거리를 제공한다.

베지푸드 www.vegefood.co.kr   **해바라기** ww.62nong.org
베지월드 www.vegeworld.net   **채식사랑비즌** www.vegn.co.kr
베지랜드 www.vegeland.com   **베지테리아** vegeteria.co.kr

직접 보고 사야 안심된다면?
온라인에서 직접 사는 것은 믿을 수 없다. 지역 매장에서 꼼꼼히 살펴보고 장을 보는 세심형이라면 살고 있는 지역에서 가까운 곳에 친환경 매장이 있는지 살펴본다.

- 아이쿱생협, 한살림, 두레생협, 정농생협, 여성민우회생협, ECO생협
- 무공이네, 초록마을, 올가, 미생채, 한마음유기농쇼핑몰, 유기농 녹색가게 신시, 유기농 스토리, 온라인 유기농도매센터, 총각네 야채가게

싱글에게 딱 좋은 매장은?
싱글은 적은 양을 파는 곳이 딱 좋다. 자주 장을 보지 않고 한번 장을 보면 냉장고에 넣어 오래 두고 먹는 이에게 소량 포장으로 판매하는 친환경 매장을 추천한다.

무공이네 www.mugonhae.com   **힐그린** www.haelgreen.com
농군마을 www.canaanmall.com   **이팜** www.efarm.co.kr
미생채 www.misaengchae.com   **올가** www.orga.co.kr

아이가 있는 집이라면?
아이가 있는 곳은 더더욱 먹을거리, 입을거리, 생활용품에 신경 쓰게 마련이다. 먹을거리뿐만 아니라 아이에게 필요한 각종 분유, 이유식, 기저귀, 유아화장품, 장난감 등 친환경물품을 판매하는 곳을 소개한다.

유기스토어 www.62store.com   **신시** www.shinsi.com
해가온 www.hegaon.com   **힐그린** www.healgreen.com
미생채 www.misaengchae.com

구입하는 것으로만 만족 못해!
생태환경운동에 관심이 있고 소비자와 생산자의 건강한 관계를 꿈꾸는 분들에게 생활협동조합을 추천한다. 조합원 신분으로 생산과 유통 과정에 함께 참여할 수 있으며 소비자인 조합원이 농산물의 품질을 인증하는 '자주인증제도'를 시행하는 곳도 있다. 보통 조합원들에게 다양한 교육과 활동을 제공한다.

두레생협 www.dure.coop
한살림 www.hansalim.or.kr
아이쿱생협 www.icoop.or.kr
여성민우회생협 www.minwoocoop.or.kr

산지체험에 가고픈 활동형
생산지 탐방과 주말농장, 논농사 체험 같은 생산 과정에 함께하거나 정월대보름, 단오, 가을걷이 등 절기별 축제를 하는 곳이다. 요리, 생태목공, 건강과 관련된 교육강좌와 지역회원 모임도 진행한다.

두레생협 www.dure.coop
콩세알 www.kongseal.com
여성민우회생협 www.minwoocoop.or.kr
인드라망생협 www.budcoop.com
신시 www.shinsi.com
무공이네 www.mugonhae.com
올가 www.orga.co.kr
한마음공동체 www.yuginong.co.k
한살림 www.hansalim.or.kr

아토피 벗어던지고파~
대개 친환경 매장은 먹을거리가 중심이지만 매끈한 피부와 건강한 몸을 가꾸고 싶은 몸짱형을 위한 건강용품 및 생활용품이 많은 곳도 있다.

미생채 www.misaengchae.com
웰빙지기 www.wbzigi.co.kr
신시 www.shinsi.com
여성민우회생협 www.minwoocoop.or.kr

내 몸의 면역력을 높이는
자연치유 상차림

펴낸날	초판 1쇄 2009년 11월 5일
	초판 4쇄 2013년 11월 13일

지은이	오은경
펴낸이	심만수
펴낸곳	(주)살림출판사
출판등록	1989년 11월 1일 제9-210호

주소	경기도 파주시 문발동 522-1
전화	031-955-1350　팩스 031-624-1356
홈페이지	http://www.sallimbooks.com
이메일	book@sallimbooks.com

ISBN　978-89-522-1274-0　13590

* 값은 뒤표지에 있습니다.
* 잘못 만들어진 책은 구입하신 서점에서 바꾸어 드립니다.